KB270037

하지메루 일본어

>모세종 지음<

어문학사

구성과 특징

✽ 일러두기
일본어는 본래 띄어쓰기를 하지 않지만 이 책에서는 초보자가
쉽게 이해할 수 있도록 1~7과까지는 띄어쓰기를 했다.

step 1

학습 내용

본격적인 학습에 앞서 각 과에서 배울 주요 표현을 제시하여 학습할 내용을 미리 파악할 수 있도록 구성했다. 주요 표현을 미리 훑어봄으로써 본문 대화에 대한 이해도를 높일 수 있다.

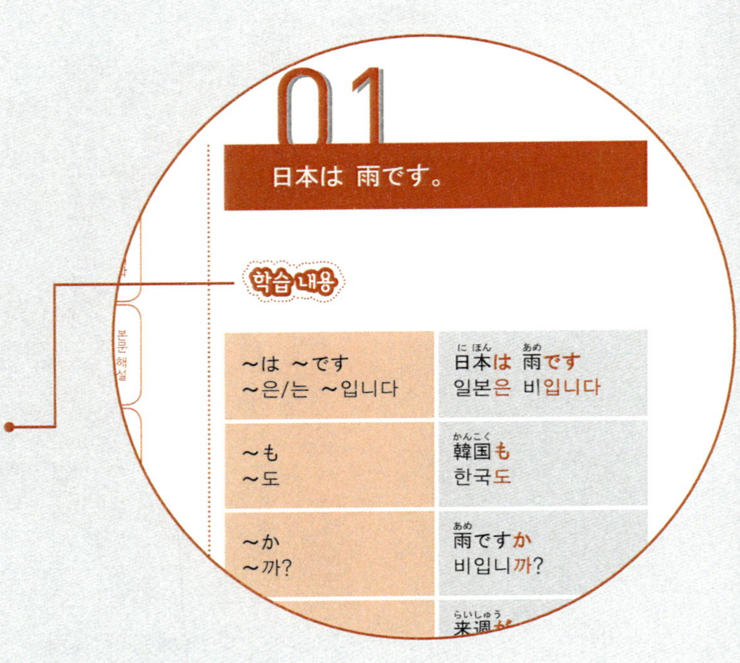

step 2

본문 대화

실생활에서 자주 사용하는 회화를 통해 학습 내용에서 살펴본 주요 표현들을 자연스럽게 익히도록 했다. 정확한 발음과 억양으로 말할 수 있게 MP3를 들으면서 연습하도록 하자.

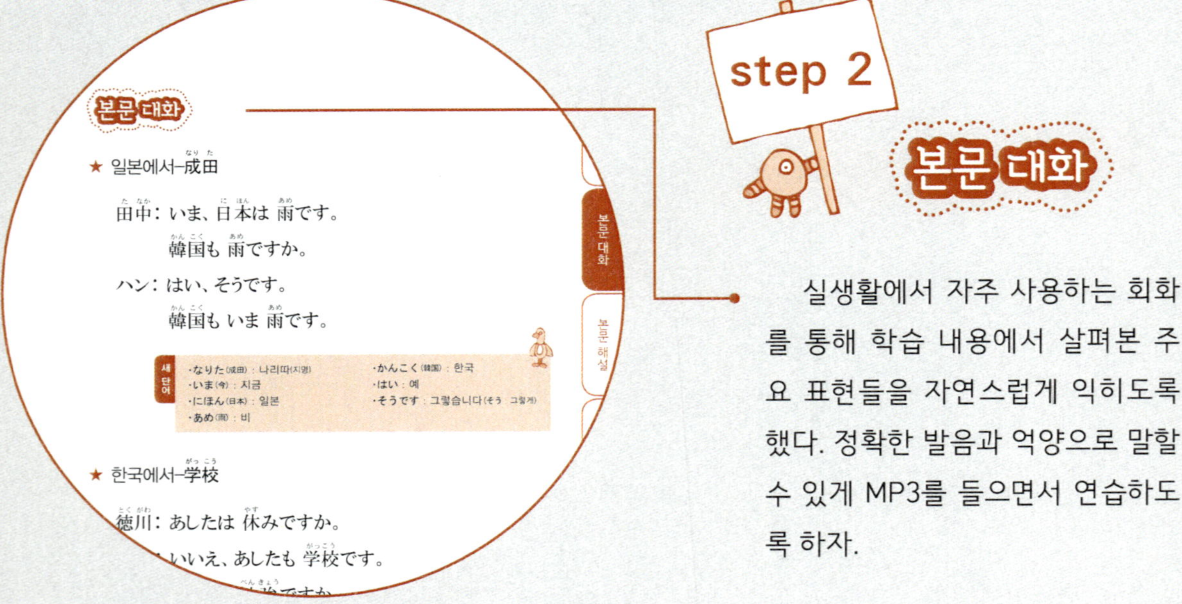

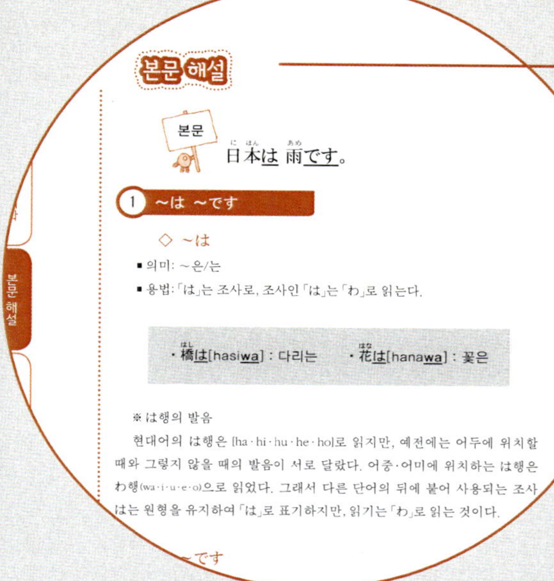

step 3

본문 해설

본문 대화에 나온 문장을 분석하여 사용된 표현들의 의미와 용법을 이해한다. 의미와 용법을 이해함으로써 표현을 응용하여 문장 만드는 연습이 수월해진다.

step 4

표현 연습

다양한 예문을 보면서 본문 해설에서 배운 표현들이 활용되는 패턴에 익숙해지도록 했다. 표현을 응용하여 직접 예문을 만들어본다면 더욱 효과적으로 학습할 수 있다.

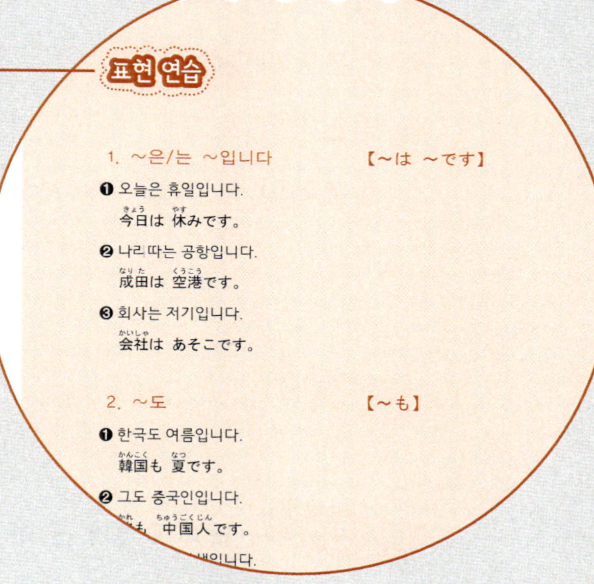

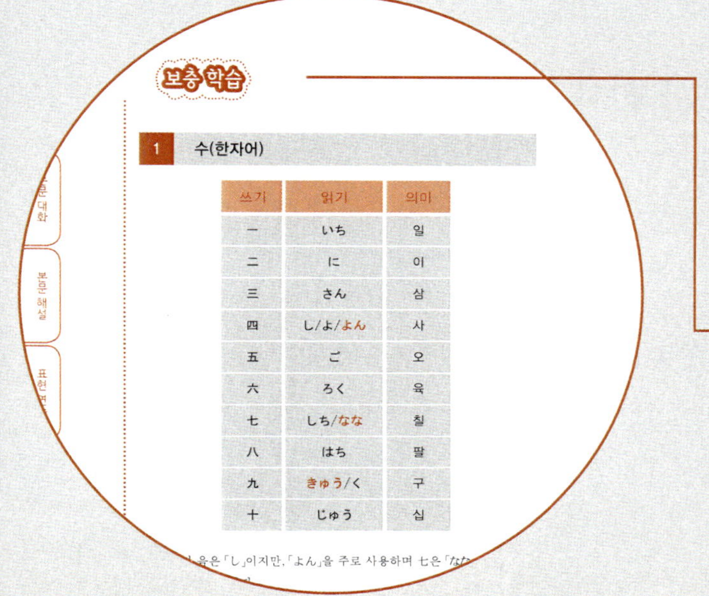

step 5

보충 학습

날짜, 요일, 숫자, 호칭 등 일본어에서 가장 많이 쓰이고 반드시 알아야 하는 핵심 표현들을 학습한다. 이 표현들을 완벽하게 숙지한다면 더욱 유창하게 일본어를 구사할 수 있다.

Contents

쉽고 재밌는
일본어 입문서

일본어의 문자

1 일본어의 표기

일본어는 한자(漢字)와 한자에서 만들어진 카나(仮名)로 표기한다. 카나에는 '히라가나'와 '카따까나'가 있으며 구별하여 사용하는 것이 원칙이다.

1) 한자(漢字) : 음독(音読), 훈독(訓読)
2) 카나(仮名) :
　① 히라가나(平仮名 : ひらがな)
　　: 고유어 등의 일반적인 일본어 표기에 사용
　② 카따까나(片仮名 : カタカナ)
　　: 외래어나 문자 강조 등의 일본어 표기에 사용

2 오십음도(五十音図)

오십음도란 일본어의 음을 자음(子音)과 모음(母音)의 관계 속에서 규칙적으로 배열한 기본 음절표로, 일본어 문자를 익히기 위한 표이다. 같거나 유사한 자음 또는 성격이 같은 모음을 가진 음들을 세로(행)로, 같은 모음을 가진 음들을 가로(단)로 배열하였다. 오십음도는 50음이어야 하지만 유사 모음의 합류 등으로 현재는 45음이다.

❶ 히라가나(平仮名 ; ひらがな)

平仮名	あ행	か행	さ행	た행	な행	は행	ま행	や행	ら행	わ행
あ단	あ	か	さ	た	な	は	ま	や	ら	わ
い단	い	き	し	ち	に	ひ	み		り	
う단	う	く	す	つ	ぬ	ふ	む	ゆ	る	
え단	え	け	せ	て	ね	へ	め		れ	
お단	お	こ	そ	と	の	ほ	も	よ	ろ	を

❷ 카따까나(片仮名 ; カタカナ)

片仮名	あ행	か행	さ행	た행	な행	は행	ま행	や행	ら행	わ행
あ단	ア	カ	サ	タ	ナ	ハ	マ	ヤ	ラ	ワ
い단	イ	キ	シ	チ	ニ	ヒ	ミ		リ	
う단	ウ	ク	ス	ツ	ヌ	フ	ム	ユ	ル	
え단	エ	ケ	セ	テ	ネ	ヘ	メ		レ	
お단	オ	コ	ソ	ト	ノ	ホ	モ	ヨ	ロ	ヲ

※ 일본어 문자는 오십음도상의 문자가 기본이지만, 그 외에도 '탁음', '요음', '촉음(っ)', '발음(ん)'을 나타내는 문자가 있으며, 카따까나에서는 장음 부호(-)도 하나의 문자로 취급한다.

❸ 행(行)

　　같은 자음(子音)이나 성격이 같은 모음(母音)들의 모음을 행이라 한다. 행에는 「あ·か·さ·た·な·は·ま·や·ら·わ」행(10개), 청음(清音) 「か·さ·た·は」행과 대립하는 탁음(濁音) 「が·ざ·だ·ば」행(4개), 반탁음(半濁音) 「ぱ」행(1개), 총 15개의 행이 있다.

あ行	か行	さ行	た行	な行	は行	ま行	や行	ら行	わ行
あ	か	さ	た	な	は	ま	や	ら	わ
い	き	し	ち	に	ひ	み		り	
う	く	す	つ	ぬ	ふ	む	ゆ	る	
え	け	せ	て	ね	へ	め		れ	
お	こ	そ	と	の	ほ	も	よ	ろ	を

が行	ざ行	だ行
が	ざ	だ
ぎ	じ	ぢ
ぐ	ず	づ
げ	ぜ	で
ご	ぞ	ど

ば行	ぱ行
ば	ぱ
び	ぴ
ぶ	ぷ
べ	ぺ
ぼ	ぽ

❹ 단(段)

모음(母音)이 같은 글자들의 모음을 단이라고 하며, 「あ·い·う·え·お」단의 총 5개의 단이 있다.

あ단

あ	か	さ	た	な	は	ま	や	ら	わ
	が	ざ	だ		ば				
					ぱ				

い단

い	き	し	ち	に	ひ	み		り	
	ぎ	じ	ぢ		び				
					ぴ				

う단

う	く	す	つ	ぬ	ふ	む	ゆ	る	
	ぐ	ず	づ		ぶ				
					ぷ				

え단

え	け	せ	て	ね	へ	め		れ	
	げ	ぜ	で		べ				
					ぺ				

お단

お	こ	そ	と	の	ほ	も	よ	ろ	を
	ご	ぞ	ど		ぼ				
					ぽ				

〔청음〕

平	~	k	s	t	n	h	m	y	r	w
a	あ	か	さ	た	な	は	ま	や	ら	わ
i	い	き	し	ち	に	ひ	み		り	
u	う	く	す	つ	ぬ	ふ	む	ゆ	る	
e	え	け	せ	て	ね	へ	め		れ	
o	お	こ	そ	と	の	ほ	も	よ	ろ	を

〔탁음〕

g	z	d	b
が	ざ	だ	ば
ぎ	じ	ぢ	び
ぐ	ず	づ	ぶ
げ	ぜ	で	べ
ご	ぞ	ど	ぼ

〔반탁음〕

p
ぱ
ぴ
ぷ
ぺ
ぽ

〔요음〕

きゃ	ぎゃ	しゃ	じゃ	ちゃ	ぢゃ
きゅ	ぎゅ	しゅ	じゅ	ちゅ	ぢゅ
きょ	ぎょ	しょ	じょ	ちょ	ぢょ
にゃ	ひゃ	びゃ	ぴゃ	みゃ	りゃ
にゅ	ひゅ	びゅ	ぴゅ	みゅ	りゅ
にょ	ひょ	びょ	ぴょ	みょ	りょ

〔발음〕　　〔촉음〕

| ん | っ |

✎ 카따까나(片仮名)로 본 일본어 문자

[청음]

片	~	k	s	t	n	h	m	y	r	w
a	ア	カ	サ	タ	ナ	ハ	マ	ヤ	ラ	ワ
i	イ	キ	シ	チ	ニ	ヒ	ミ		リ	
u	ウ	ク	ス	ツ	ヌ	フ	ム	ユ	ル	
e	エ	ケ	セ	テ	ネ	ヘ	メ		レ	
o	オ	コ	ソ	ト	ノ	ホ	モ	ヨ	ロ	ヲ

[탁음]

g	z	d	b
ガ	ザ	ダ	バ
ギ	ジ	ヂ	ビ
グ	ズ	ヅ	ブ
ゲ	ゼ	デ	ベ
ゴ	ゾ	ド	ボ

[반탁음]

p
パ
ピ
プ
ペ
ポ

〔요음〕

キャ	ギャ	シャ	ジャ	チャ	ヂャ
キュ	ギュ	シュ	ジュ	チュ	ヂュ
キョ	ギョ	ショ	ジョ	チョ	ヂョ
ニャ	ヒャ	ビャ	ピャ	ミャ	リャ
ニュ	ヒュ	ビュ	ピュ	ミュ	リュ
ニョ	ヒョ	ビョ	ピョ	ミョ	リョ

〔발음〕　〔촉음〕

ン	ッ

일본어의 카나는 한자에서 만들어진 것으로, 카나의 근원이 되는 한자, 즉 카나의 자원을 알면 카나의 형태나 발음을 쉽게 이해할 수 있다.

❶ 히라가나의 자원

あ	か	さ	た	な	は	ま	や	ら	わ
安	加	左	太	奈	波	末	也	良	和
い	き	し	ち	に	ひ	み		り	
以	幾	之	知	仁	比	美		利	
う	く	す	つ	ぬ	ふ	む	ゆ	る	
宇	久	寸	川	奴	不	武	由	留	
え	け	せ	て	ね	へ	め		れ	
衣	計	世	天	禰	部	女		礼	
お	こ	そ	と	の	ほ	も	よ	ろ	を
於	已	曾	止	乃	保	毛	与	呂	遠

❷ 카따까나의 자원

ア	カ	サ	タ	ナ	ハ	マ	ヤ	ラ	ワ
阿	加	散	多	奈	八	万	也	良	輪
イ	キ	シ	チ	ニ	ヒ	ミ		リ	
伊	幾	之	千	二	比	三		利	
ウ	ク	ス	ツ	ヌ	フ	ム	ユ	ル	
宇	久	須	川	奴	不	牟	由	流	
エ	ケ	セ	テ	ネ	ヘ	メ		レ	
江	介	世	天	禰	部	女		礼	
オ	コ	ソ	ト	ノ	ホ	モ	ヨ	ロ	ヲ
於	已	曾	止	乃	保	毛	与	呂	乎

[**참고**] 이로하 노래 (いろは歌)

　　이로하 노래란 일본어의 기본 문자를 모두 한 번씩만 사용하여 만든 시가 (7·5調 4句의 47字로 이루어진 노래)로, 일종의 일본어 자모표(字母表)이다. 자모표로서의 기능은 약화되어 지금은 순서를 나타내는 기호 등으로 사용된다 .

　　한국어로 기초, 초보, 기본 등의 의미를 '기역니은도 모른다', '기역니은부터'라고 표현하는 것처럼, 일본어로도 '이로하도 모른다', '이로하부터'라고 표현한다.

【いろは歌】

仮名	いろはにほへと　　ちりぬるを わかよたれそ　　　つねならむ うゐのおくやま　　けふこえて あさきゆめみし　　ゑひもせす
歌謡	色は匂えど　　　散りぬるを 我が世誰ぞ　　　常ならむ 有為の奥山　　　今日越えて 浅き夢見じ　　　酔ひもせず

아름다운 꽃도 결국에는 지고 마는 것을
우리가 사는 이 세상 그 누가 영원할 수 있겠느냐.
덧없는 인생의 깊고 험한 산을 오늘도 넘어가노니
헛된 꿈을 꾸지도 취하지도 않으리.

일본어의 발음

1 일본어 음의 구조

❶ 기본 구조

> ※ V(Vowel : 모음)　　C(Consonant : 자음)

- 모음 구조(V)
    - → 단모음: あ행
    - → 이중모음: や행(반모음〔j〕+단모음)
    - わ행(반모음〔w〕+단모음)
- 자음＋모음 구조(CV)
    - → 자음＋단모음: か·が행/さ·ざ행/た·だ행/な행/は·ば·ぱ행/ま행/ら행
    - → 자음＋이중모음: 요음

❷ 특수구조

- 모음＋특수음 구조　　　　　(VC)　　：あっ·あん
- 자음＋모음＋특수음 구조　　(CVC)　　：かっ·かん

일본어는 기본적으로 받침이 없는 개음절 구조를 하고 있어 그 발음이 단순하다. 물론 일본어에도 특수음이 있어 받침이 있는 폐음절 구조처럼 생각되는 발음도 있다. 하지만 이 특수음도 일반적인 폐음절과는 그 성격이 조금 다르다고 할 수 있다. 따라서 폐음절 구조인 외국어를 일본어로 받아들일 때에는 개음절 구조로 바꾸어 발음하는 것이 일반적이다. 즉, 자음으로 끝나는 외국어는 모음을 첨가하여 발음하는 것이다.

일본어에서 한국 김치(kimchi)의 '김'은 'ㅁ'으로 끝나기 때문에 모음 'ㅜ'를 넣어 「キム」로 발음해야 하며, 이것이 한국의 김치가 「キムチ」로 발음되는 이유이다.

일본어는 한국어와 같이 자음과 모음을 구별하여 설명할 수 있지만, 이것은 어디까지나 편의적인 것으로, 일본어는 자음과 모음을 분리할 수 없는 음절문자이다. 따라서 자음과 모음이 존재해도 그것을 결합한 음이 발음되지 못하는 경우도 있다. 'ta'행에서 보면, 자음 't'와 모음 'u'의 음이 존재하지만, 그를 결합한 'tu'의 음은 발음할 수 없는 것이다.

일본어는 한국인이 매우 정확하게 발음할 수 있는 언어이다. 하지만 일본어에는 한국어에 없는 발음 규칙이 있어, 일본어 발음을 한국어처럼 생각해서는 안 된다. 한국어에서는 전혀 구별하지 않지만, 일본어에서는 전혀 다른 발음으로 구별하는 경우도 있다.

한국어에 대한 지식, 상식, 습관 등이 일본어 발음에 큰 도움이 되는 것은 사실이다. 하지만 서로 다른데 비슷하게 보이는 부분에서는 이런 것들이 오히려 올바른 일본어 발음을 저해하는 요소로 작용할 수 있기 때문에 발음에 대한 모국어의 간섭은 매우 주의해야 한다. 얼마든지 잘할 수 있는 일본어 발음을 그저 의사소통만 되면 된다는 식으로 받아들여서는 안 될 것이다.

1

모음

あ행   / あ · い · う · え · お /

あ행은 [아/이/우/에/오]에 가깝게 발음한다.

한국어의 [우]는 입술을 둥그렇게 하여 앞으로 내밀며 발음하지만, 일본어의 「う」는 입술을 작게 하여 거의 내밀지 않고 발음한다. 그렇다고 [으]로 발음해서는 안 된다.

글자	히라가나	あ	い	う	え	お
	카따까나	ア	イ	ウ	エ	オ
발음	로마자	a	i	u	e	o
	한글	아	이	우	에	오

「あ」	**あい**(아이 : 사랑)	**あか**(아까 : 빨강)	**あさ**(아사 : 아침)
「い」	**いえ**(이에 : 집)	**いす**(이스 : 의자)	**いま**(이마 : 지금)
「う」	**うえ**(우에 : 위)	**うし**(우시 : 소)	**うめ**(우메 : 매실)
「え」	**えき**(에끼 : 역)	**えさ**(에사 : 먹이)	**えり**(에리 : 소매)
「お」	**おと**(오또 : 음)	**おに**(오니 : 귀신)	**おや**(오야 : 부모)

/ や・ゆ・よ /

や행은 [야/유/요]로 발음한다.

글자	히라가나	や	-	ゆ	-	よ
	카따까나	ヤ	-	ユ	-	ヨ
발음	로마자	ya	-	yu	-	yo
	한글	야	-	유	-	요

「や」 やね(야네 : 지붕)　　やま(야마 : 산)　　やみ(야미 : 어둠)
「ゆ」 ゆび(유비 : 손가락)　ゆり(유리 : 백합)　ゆめ(유메 : 꿈)
「よ」 よみ(요미 : 읽기)　　よめ(요메 : 신부)　よる(요루 : 밤)

/ わ・を /

わ행은 [와/오]로 발음한다.

글자	히라가나	わ	-	-	-	を
	카따까나	ワ	-	-	-	ヲ
발음	로마자	wa	-	-	-	o
	한글	와	-	-	-	오

「わ」 わし(와시 : 독수리)　　わに(와니 : 악어)　　あわ(아와 : 거품)
「を」 현대어에서는 단어에 사용되지 않고, 조사(을/를)로만 사용된다.

자음

일본어의 자음에는 청음과 탁음이 있는데, 같은 문자에 점(濁点)의 유무로만 구별한다. 하지만 서로 엄연히 다른 문자이고 발음 또한 다르다. 특히, 〈か행/が행〉, 〈た행/だ행〉과 같은 청음과 탁음을 발음할 때는 세심한 주의를 기울여야 한다.

か행   / か · き · く · け · こ /

か행은 어두(語頭)와 어중(語中)·어미(語尾)에 위치할 때의 발음이 다르게 나타난다.

어두

어두의 か행은 [가/기/구/게/고]를 강하게, 또는 [카/키/쿠/케/코]를 약하게 한 발음에 가깝다. 한국어의 [ㄱ]음은 [g]음으로 발음되기도 하지만 일본어에는 [g]음으로 발음되는 문자가 따로 있기 때문에 절대로 か행을 [g]음으로 발음해서는 안 된다. か행은 [g]음으로 발음하기 쉬운 [ㄱ]음보다는 [ㅋ]음을 약하게 발음하는 편이 원음에 가깝다.

어중·어미

어중·어미의 か행은 [까/끼/꾸/께/꼬]에 가깝다. [ㅋ]음으로 발음하는 경우도 있지만, [ㄲ]음을 약하게 발음하는 것이 원음에 가깝다.

글자	히라가나	か	き	く	け	こ
	카따까나	カ	キ	ク	ケ	コ
발음	로마자	ka	ki	ku	ke	ko
	한글 — 어두	카	키	쿠	케	코
	한글 — 어중·어미	까	끼	꾸	께	꼬

「か」	**かね**(카네 : 돈)	**おか**(오까 : 언덕)	**しか**(시까 : 사슴)
「き」	**きた**(키따 : 북쪽)	**あき**(아끼 : 가을)	**いき**(이끼 : 숨)
「く」	**くに**(쿠니 : 나라)	**きく**(키꾸 : 국화)	**わく**(와꾸 : 틀)
「け」	**けさ**(케사 : 오늘 아침)	**いけ**(이께 : 연못)	**かけ**(카께 : 내기)
「こ」	**こい**(코이 : 잉어)	**ここ**(코꼬 : 여기)	**よこ**(요꼬 : 가로)

が행 / が・ぎ・ぐ・げ・ご /

が행은 [ga/gi/gu/ge/go]의 발음과 유사한 것으로, [가/기/구/게/고]를 약하게 한 발음에 가깝다. が행을 절대로 [카/키/쿠/케/코]나 [까/끼/꾸/께/꼬]로 발음해서는 안 된다.

글자	히라가나	が	ぎ	ぐ	げ	ご
	카따까나	ガ	ギ	グ	ゲ	ゴ
발음	로마자	ga	gi	gu	ge	go
	한글	가	기	구	게	고

「が」	**がけ**(가께 : 벼랑)	**きが**(키가 : 기아)	**けが**(케가 : 상처)
「ぎ」	**ぎり**(기리 : 의리)	**かぎ**(카기 : 열쇠)	**みぎ**(미기 : 오른쪽)
「ぐ」	**ぐち**(구찌 : 불평)	**かぐ**(카구 : 가구)	**すぐ**(스구 : 곧)
「げ」	**げた**(게따 : 나막신)	**かげ**(카게 : 그림자)	**はげ**(하게 : 대머리)
「ご」	**ごみ**(고미 : 쓰레기)	**かご**(카고 : 바구니)	**まご**(마고 : 손자)

/ さ ・ し ・ す ・ せ ・ そ /

さ행은 [사/시/스/세/소]로 발음한다. 특히「す」는 [수]가 아닌 [스]에 가깝게 발음한다.

글자	히라가나	さ	し	す	せ	そ
	카따까나	サ	シ	ス	セ	ソ
발음	로마자	sa	shi	su	se	so
	한글	사	시	스	세	소

「さ」	さけ (사께 : 술)	さら (사라 : 접시)	かさ (카사 : 우산)
「し」	しお (시오 : 소금)	あし (아시 : 다리)	いし (이시 : 돌)
「す」	すし (스시 : 초밥)	あす (아스 : 내일)	おす (오스 : 수컷)
「せ」	せき (세끼 : 기침)	あせ (아세 : 땀)	みせ (미세 : 가게)
「そ」	そこ (소꼬 : 바닥)	うそ (우소 : 거짓)	みそ (미소 : 된장)

ざ^행

/ ざ ・ じ ・ ず ・ ぜ ・ ぞ /

ざ행은 [자/지/즈/제/조]의 발음에 가까운 것으로 [사/시/스/세/소]가 발음되는 위치에서 발음한다.

한국어의 [지]음은 혀가 입천장에 닿지만, ざ행은 혀가 [지]음보다 약간 앞쪽에 위치하면서 혀가 입천장에 마찰하듯 살짝 닿도록 발음한다.

글자	히라가나	ざ	じ	ず	ぜ	ぞ
	카따까나	ザ	ジ	ズ	ゼ	ゾ
발음	로마자	za	ji	zu	ze	zo
	한글	자	지	즈	제	조

「ざ」	ざる(자루 : 소쿠리)	あざ(아자 : 멍)	ひざ(히자 : 무릎)
「じ」	じこ(지꼬 : 사고)	かじ(카지 : 화재)	にじ(니지 : 무지개)
「ず」	ずれ(즈레 : 차이)	きず(키즈 : 상처)	ちず(치즈 : 지도)
「ぜ」	ぜひ(제히 : 꼭)	かぜ(카제 : 바람)	なぜ(나제 : 왜)
「ぞ」	ぞう(조오 : 코끼리)	なぞ(나조 : 수수께끼)	みぞ(미조 : 도랑)

た행　　/ た・ち・つ・て・と /

▶「た/て/と」

「た/て/と」는 か행처럼 어두와 어중·어미에 위치할 때의 발음이 다르다.

어두

어두의 「た/て/と」는 [다/데/도]를 강하게, 또는 [타/테/토]를 약하게 한 발음에 가깝다. 한국어의 [ㄷ]음은 [d]음으로도 발음되지만, 일본어에는 [d]음으로 발음되는 문자가 따로 있어, 절대로 「た/て/と」를 [da/de/do]로 발음해서는 안 된다. 따라서 [da/de/do]로 발음하기 쉬운 [ㄷ]음보다는 [ㅌ]음을 약하게 발음하는 것이 좋다.

어중·어미

어중·어미의 「た/て/と」는 [따/떼/또]에 가깝다. [ㅌ]음으로 발음하는 경우도 있지만, [따]음을 약하게 발음하는 것이 원음에 가깝다.

► 「ち」

「ち」의 발음은 한국어 [치]에 가깝다. 일반적으로 어두에 위치하면 [치]에, 어중·어미에 위치하면 [찌]에 가깝게 발음한다. 하지만 어두에 위치한다 하더라도 간혹 단어에 따라서는 [찌]에 가깝게 들리는 경우도 있고, 드물지만 [지]에 가깝게 들리는 경우도 있다. 이들 모두 「ち」의 발음으로 알아들을 수 있도록 주의해야 한다.

► 「つ」

「つ」의 발음은 정확하지는 않지만 한국어의 [쯔]나 [쓰]에 가깝다. 굳이 말하자면 [쯔]에 더욱 가깝다고 할 수 있다. [쯔]는 혀끝의 약간 뒷부분을 앞니 뒤(이에는 닿지 않음)에 있는 입천장에 두고 발음하지만, 「つ」는 혀끝을 앞니 뒷부분과 입천장 사이에 붙였다가 떼며 발음한다. [쯔]는 「つ」에 비해 입천장의 약간 뒤쪽에서 나오는 발음으로, 앞니 뒷부분에 혀끝이 닿지 않지만 「つ」는 앞니 뒷부분에 혀끝이 닿는다.

글자		히라가나	た	ち	つ	て	と
		카따까나	タ	チ	ツ	テ	ト
발음		로마자	ta	chi	tsu	te	to
	한글	어두	타	치	쯔	테	토
		어중·어미	따	찌	쯔	떼	또

「た」	たけ(타께 : 대나무)	いた(이따 : 판자)	また(마따 : 또)
「ち」	ちび(치비 : 꼬마)	しち(시찌 : 칠)	みち(미찌 : 길)
「つ」	つき(쯔끼 : 달)	いつ(이쯔 : 언제)	くつ(쿠쯔 : 구두)
「て」	てら(테라 : 절)	たて(타떼 : 세로)	はて(하떼 : 끝)
「と」	とき(토끼 : 때)	あと(아또 : 후)	そと(소또 : 밖)

/ だ・ぢ・づ・で・ど /

▶「だ/で/ど」

「だ/で/ど」의 음은 [da/de/do]와 유사한 발음으로, 한국어 [다/데/도]를 약하게 한 발음에 가깝다. 「だ/で/ど」를 절대로 [타/테/토]나 [따/떼/또]로 발음해서는 안 된다.

▶「ぢ/づ」

「ぢ/づ」의 음은 ざ행음의 「じ/ず」에 합류되었기 때문에 「じ/ず」의 음으로 발음한다. 따라서 현대어에서 「ぢ」와 「づ」의 표기를 사용하는 단어는 복합어나 몇몇 고유어뿐이다.

글자	히라가나	だ	ぢ	づ	で	ど
	카따까나	ダ	ヂ	ヅ	デ	ド
발음	로마자	da	ji	zu	de	do
	한글	다	지	즈	데	도

「だ」 だれ(다레 : 누구)　　ただ(타다 : 단)　　まだ(마다 : 아직)

「ぢ」 はなぢ(하나지 : 코피)　　そこぢから(소꼬지까라 : 저력)　　ちかぢか(치까지까 : 근간)

「づ」 てつづき(테쯔즈끼 : 수속)　　つづく(쯔즈꾸 : 계속되다)　　かんづめ(칸즈메 : 통조림)

「で」 でし(데시 : 제자)　　うで(우데 : 팔)　　そで(소데 : 소매)

「ど」 どろ(도로 : 진흙)　　かど(카도 : 모퉁이)　　まど(마도 : 창)

/ な・に・ぬ・ね・の /

な행은 [나/니/누/네/노]로 발음한다.

글자	히라가나	な	に	ぬ	ね	の
	카따까나	ナ	ニ	ヌ	ネ	ノ
발음	로마자	na	ni	nu	ne	no
	한글	나	니	누	네	노

「な」	なつ(나쯔 : 여름)	あな(아나 : 구멍)	すな(스나 : 모래)
「に」	にし(니시 : 서쪽)	かに(카니 : 게)	たに(타니 : 계곡)
「ぬ」	ぬの(누노 : 천)	いぬ(이누 : 개)	きぬ(키누 : 비단)
「ね」	ねこ(네꼬 : 고양이)	いね(이네 : 벼)	まね(마네 : 흉내)
「の」	のど(노도 : 목)	つの(쯔노 : 뿔)	もの(모노 : 물건)

/ は・ひ・ふ・へ・ほ /

は행은 기본적으로 [하/히/후/헤/호]로 발음한다. 「ひ」는 [시]와 비슷하게도 들리며, 「ふ」는 아랫입술을 살짝 무는 듯, 숨을 내뱉듯 발음한다.

글자	히라가나	は	ひ	ふ	へ	ほ
	카따까나	ハ	ヒ	フ	ヘ	ホ
발음	로마자	ha	hi	fu	he	ho
	한글	하	히	후	헤	호

「は」	はる(하루 : 봄)	はな(하나 : 꽃)	はは(하하 : 어머니)
「ひ」	ひと(히또 : 사람)	ひま(히마 : 틈)	まひ(마히 : 마비)
「ふ」	ふえ(후에 : 피리)	ふね(후네 : 배)	きふ(키후 : 기부)
「へ」	へい(헤이 : 담)	へそ(헤소 : 배꼽)	へや(헤야 : 방)
「ほ」	ほし(호시 : 별)	ほね(호네 : 뼈)	だほ(다호 : 나포)

ば행   / ば · び · ぶ · べ · ぼ /

ば행은 [바/비/부/베/보]로 발음한다.

글자	히라가나	ば	び	ぶ	べ	ぼ
	카따까나	バ	ビ	ブ	ベ	ボ
발음	로마자	ba	bi	bu	be	bo
	한글	바	비	부	베	보

「ば」	ばか(바까 : 바보)	そば(소바 : 옆)	はば(하바 : 폭)
「び」	ビル(비루 : 빌딩)	くび(쿠비 : 목)	ひび(히비 : 매일)
「ぶ」	ぶた(부따 : 돼지)	かぶ(카부 : 주식)	やぶ(야부 : 덤불)
「べ」	べに(베니 : 연지)	かべ(카베 : 벽)	なべ(나베 : 냄비)
「ぼ」	ぼろ(보로 : 누더기)	きぼ(키보 : 규모)	ほぼ(호보 : 거의)

/ ぱ・ぴ・ぷ・ぺ・ぽ /

ぱ행은 [빠/삐/뿌/뻬/뽀]로 발음하는데, [파/피/푸/페/포]로 발음하는 경우도 있다. 대게 고유어는 [삐]음으로 외래어는 [피]음으로 발음한다.

글자	히라가나	ぱ	ぴ	ぷ	ぺ	ぽ
	카따까나	パ	ピ	プ	ペ	ポ
발음	로마자	pa	pi	pu	pe	po
	한글	빠	삐	뿌	뻬	뽀

「ぱ」	パイ(파이 : 파이)	パス(파스 : 패스)	パリ(파리 : 파리)
「ぴ」	ピアス(피아스 : 귀고리)	ピアノ(피아노 : 피아노)	ピザ(피자 : 피자)
「ぷ」	プール(푸-루 : 풀)	プラス(푸라스 : 플러스)	プロ(푸로 : 프로)
「ぺ」	ページ(페-지 : 페이지)	ペース(페-스 : 페이스)	ペーパー(페-파- : 종이)
「ぽ」	ポーズ(포-즈 : 포즈)	ポテト(포테토 : 감자)	ポリス(포리스 : 경찰)

/ ま・み・む・め・も /

ま행은 [마/미/무/메/모]로 발음한다.

글자	히라가나	ま	み	む	め	も
	카따까나	マ	ミ	ム	メ	モ
발음	로마자	ma	mi	mu	me	mo
	한글	마	미	무	메	모

「ま」	まめ(마메 : 콩)	しま(시마 : 섬)	なま(나마 : 날것)
「み」	みそ(미소 : 된장)	かみ(카미 : 종이)	みみ(미미 : 귀)
「む」	むね(무네 : 가슴)	ぎむ(기무 : 의무)	じむ(지무 : 사무)
「め」	めす(메스 : 암컷)	かめ(카메 : 거북이)	さめ(사메 : 상어)
「も」	もち(모찌 : 떡)	いも(이모 : 감자)	くも(쿠모 : 구름)

ら행 / ら・り・る・れ・ろ /

ら행은 [라/리/루/레/로]로 발음한다.

글자	히라가나	ら	り	る	れ	ろ
	카따까나	ラ	リ	ル	レ	ロ
발음	로마자	ra	ri	ru	re	ro
	한글	라	리	루	레	로

「ら」	らば(라바 : 당나귀)	くら(쿠라 : 창고)	むら(무라 : 마을)
「り」	りす(리스 : 다람쥐)	くり(쿠리 : 밤)	もり(모리 : 숲)
「る」	るす(루스 : 부재중)	さる(사루 : 원숭이)	ひる(히루 : 낮)
「れ」	れつ(레쯔 : 열)	かれ(카레 : 그)	むれ(무레 : 무리)
「ろ」	ろく(로꾸 : 육)	いろ(이로 : 색)	しろ(시로 : 성)

3

요음

　　요음이란 い단 자음 글자「き/ぎ/し/じ/ち/ぢ/に/ひ/び/ぴ/み/り」의 오른쪽 밑에「や/ゆ/よ」를 작게 붙여 써서 만든 글자로, 발음은 い단음 자음과「や/ゆ/よ」가 결합된 음이다.

きゃ 캬	ぎゃ 갸	しゃ 샤	じゃ 쟈	ちゃ 챠	ぢゃ 쟈	にゃ 냐	ひゃ 햐	びゃ 뱌	ぴゃ 빠	みゃ 먀	りゃ 랴
きゅ 큐	ぎゅ 규	しゅ 슈	じゅ 쥬	ちゅ 츄	ぢゅ 쥬	にゅ 뉴	ひゅ 휴	びゅ 뷰	ぴゅ 뿌	みゅ 뮤	りゅ 류
きょ 쿄	ぎょ 교	しょ 쇼	じょ 죠	ちょ 쵸	ぢょ 죠	にょ 뇨	ひょ 효	びょ 뵤	ぴょ 뽀	みょ 묘	りょ 료

「や」　　きゃく(캬꾸 : 손님)　　　しゃかい(샤까이 : 사회)

　　　　ひゃく(햐꾸 : 백)　　　　みゃく(먀꾸 : 맥)

「ゆ」　　きゅうか(큐우까 : 휴가)　　しゅみ(슈미 : 취미)

　　　　ちゅうし(츄우시 : 중지)　　にゅうがく(뉴우가꾸 : 입학)

「よ」　　きょか(쿄까 : 허가)　　　しょり(쇼리 : 처리)

　　　　びょうき(뵤오끼 : 병)　　　りょこう(료꼬오 : 여행)

특수음

일본어에는 한국어에서는 기능하지 않거나, 유사하지만 발음하는 방법이 매우 다른 특수한 음이 있다. 장음(長音), 촉음(促音), 발음(撥音)이 그것으로 특수음은 그 성격을 잘 파악하여 익혀야 한다.

❶ 장음(長音)

〈특징〉

장음은 히라가나의 경우 모음으로, 카따까나의 경우 장음 부호(ー)로 나타낸다.

장음과 단음은 일본어에서 단어를 식별하는 기능을 담당하고 있어, 장음과 단음을 정확히 발음하는 것은 매우 중요하다. 장음을 단음으로 발음하면 그 의미가 전달되지 않는 경우가 많다.

한국어에도 눈, 밤, 배처럼 장단음으로 의미를 구별하는 단어가 있다고 하지만, 일본어와는 달리 장음 표기를 하지 않으므로 실제로 장음, 단음의 차이로 단어를 구별하는 기능은 없다고 할 수 있다. 그래서 단어를 길거나 짧게 발음하는 데에 익숙하지 않으므로 장음이 많은 일본어를 제대로 발음하는 것은 생각과 달리 매우 어렵다. 그렇기 때문에 반복적인 연습을 통해 그 리듬을 몸에 익혀야 한다.

단	표기	용례
あ	ああ	おか**あ**さん（お母さん：어머니） おば**あ**さん（お祖母さん：할머니） お**ば**さん（叔母さん：아주머니）
い	いい	おに**い**さん（お兄さん：형/오빠） おじ**い**さん（お祖父さん：할아버지） お**じ**さん（叔父さん：아저씨）

う	うう	くうき(空気:공기) すうじ(数字:숫자) つうか(通過:통과)
		くき(茎:줄기) すじ(筋:힘줄) つか(塚:둔덕)
え	ええ	おねえさん(お姉さん:누나/언니)
	えい	えいが(映画:영화) せいかい(正解:해답) めいが(名画:명화)
		えが(絵が:그림이) せかい(世界:세계) めが(目が:눈이)
お	おお	おおい(多い:많다) こおり(氷:얼음) とおり(通り:거리)
		おい(甥:조카) こり(梱:꾸린 짐짝) とり(鳥:새)
	おう	おうじ(王子:왕자) こうじ(工事:공사) そうじ(掃除:청소)
		おじ(叔父:숙부) こじ(孤児:고아) そじ(素地:바탕)

※「お」의 장음「おう」는「おお」처럼「お」를 길게 발음하는 것이 일반적이다. 하지만「え」의 장음「えい」는「ええ」처럼「え」를 길게 발음하는 경우도,「えい」로 발음하는 경우도 있다.

일본어에서는 영어 /ei/의 발음을 /ei/로 읽지 않고 /e:/처럼 장음으로 읽는데, 이는 일본어가 기본적으로「えい」를「ええ」로 길게 읽는다는 것을 보여준다고 할 수 있다.

카따까나는 장음을 부호 'ー'으로 나타내는데 절대 생략해서는 안 된다.

- OK : オーケー
- Case : ケース
- Gate : ゲート
- Game : ゲーム
- Date : デート
- Pace : ペース
- Base : ベース
- Mail : メール

❷ 촉음(促音 : っ)

〈특징〉

촉음이란「つ」를 작게 하여 카나의 오른쪽 밑에 붙여 사용하는 글자이다. 일본어의 촉음은 그 발음이 한글의 받침과 비슷하게 느껴지지만, 실제 발음은 매우 달라 한국인에게는 매우 까다로운 음이라 하겠다. 이는 촉음 자체가 가지고 있는

음가의 어려움 때문이라기보다 촉음과 한글 받침은 발음하는 방법이 다르기 때문이다.

촉음은 뒷글자의 자음 요소에 의해 정해지는 발음으로 [p], [t], [k] 등의 여러 음가를 가지고 있는 음이다. 한글의 받침은 그 자체를 한 단위의 길이로 생각하는 경우가 없지만, 일본어의 촉음은 이를 한 단위의 길이로 간주한다. 쉽게 말하면 일본어는 촉음을 발음할 때, 촉음 다음 글자가 소리 나는 위치에서 한 박자 쉬듯 길게 발음해야 한다는 것이다.

〈발음〉

촉음이 カ행음 앞에 위치하면 목에서 발음되는 'k'음으로, タ행음 앞에 위치하면 입천장에 붙어 발음되는 't'음으로, サ행음 앞에 위치하면 입천장에 닿지 않고 마찰하듯 발음되는 's'음으로, パ행음 앞에 위치하면 입술에서 발음되는 'p'음으로 발음한다.

발음	조건	용례	
k	촉음+カ行	さっか (作家 : 작가) しっけ (湿気 : 습기)	まっき (末期 : 말기) いっこ (一個 : 한 개)
t	촉음+タ行	じったい (実体 : 실태) よっつ (四つ : 넷)	まっちゃ (抹茶 : 말차) きって (切手 : 우표)
s	촉음+サ行	いっさい (一切 : 일절) しゅっせ (出世 : 출세)	ざっし (雑誌 : 잡지) いっそ (차라리)
p	촉음+パ行	しっぱい (失敗 : 실패) がっぺい (合併 : 합병)	ざっぴ (雑費 : 잡비) しっぽ (꼬리)

※ 촉음은 뒷글자에 의해 정해지는 발음이지만, 같은 행의 자음이라 하더라도 모음에 따라 그 발음이 조금씩 다르게 나타나는 경우가 있어, 행을 기준으로 촉음의 발음을 일률적으로 규정하기에는 어려운 점도 있다. 하지만 이는 미세한 차이이므로 보통은 행을 중심으로 생각하면 된다.

※ 한국어 받침은 뒷글자의 초성으로 넘어가듯 발음되는 경우가 있으나, 일본어의 촉음은 그렇지 않다.

단어	발음(한글표기)	단어	발음(한글표기)
した	시따(○) 싯따(×)	きて	키떼(○) 킷떼(×)
しった	싯-따(○) 시따(×)	きって	킷-떼(○) 키떼(×)
また	마따(○) 맛따(×)	して	시떼(○) 싯떼(×)
まった	맛-따(○) 마따(×)	しって	싯-떼(○) 시떼(×)

※ 일반적으로 탁음 앞에는 촉음이 오지 않으나, 외국어에서는 사용되는 경우가 종종 있다. 표기와는 달리 실제 발음은 청음처럼 들린다.

예) グッド(good)　　　　ヘッド(head)　　　　ベッド(bed)

※ 촉음화

단어와 단어가 합쳐져 하나의 새로운 단어가 만들어질 때, 유사한 발음의 청음이 연이어 나오게 되면, 앞쪽 음이 촉음으로 바뀌는 경우가 있다. 수사에 양수사(무언가를 세는 단위)가 접속할 때에도 같은 현상이 나타난다.

조건	용례	
k+k=っk	がく＋こう→がっこう(学校)	ろく＋かい→ろっかい(六回)
t+k=っk	いち＋かい→いっかい(一回)	はち＋かい→はっかい(八階)
t+t=っt	いち＋たい→いったい(一体)	じつ＋たい→じったい(実態)
t+s=っs	いち＋さい→いっさい(一切)	じつ＋せき→じっせき(実績)
t+h=っp	いち＋はい→いっぱい(一杯)	かつ＋はつ→かっぱつ(活発)

❸ 발음(撥音 : ん)

〈특징〉

　발음(ん)은 촉음과 마찬가지로 뒷글자에 의해 정해지는 발음으로 [ŋ], [n], [m] 등의 여러 음가를 가지고 있다. 발음(ん)은 한글의 받침과 비슷한 것 같아도 발음하는 방법이 전혀 다르다. 촉음과 마찬가지로 발음(ん)도 이어지는 글자와의 관계 속에서 한 박자 쉬듯 길게 발음한다.

〈발음〉

　「ん」이 カ행/ガ행 앞에 위치하면 입천장 뒤쪽에서 발음되는 [ŋ]으로, ザ행/タ행/ダ행/ナ행/ラ행 앞에 위치하면 입천장에서 발음되는 [n]으로, ハ행/バ행/マ행 앞에 위치하면 입술에서 발음되는 [m]으로 발음한다. 또한 「ん」이 サ행 앞에 위치할 때에는 [n]과 비슷하지만, 혀를 입천장에 대지 않고 마찰하듯 발음한다.

　「ん」이 모음 앞에 올 때에는 [ŋ]음과 비슷하게 발음되는 것 같지만, 실은 비음처럼 발음해야 한다. 비음의 발음이란, 모음에 이어지는 [ŋ]음을 발음할 때, [n]음이 첨가되지 않도록 하여 [ŋ]음이 완전하지 않은 상태에서 다음 모음을 발음하는 것을 말한다. 따라서 모음 앞에 오는 「ん」을 완전한 [ŋ]음으로 발음해서는 안 된다. 특히 「ん」이 ヤ행이나 ア행(エ/イ) 앞에 올 때 주의해야 한다.

발음	조건	용례	
ŋ	ん+カ行	さんか (상-까 : 参加)	かんこく (캉-꼬꾸 : 韓国)
	ん+ガ行	まんが (망-가 : 漫画)	えんげき (엥-게끼 : 演劇)
	ん+ハ行	はんい (항-이 : 範囲)	めんえき (멩-에끼 : 免疫)
	*ん+ア行	ぜんはん (젱-항- : 前半)	よんほん (용-홍- : 四本)
	*ん+ヤ行	ほんや (홍-야 : 本屋)	みんよう (밍-요오 : 民謡)
	ん+ワ行	かんわ (캉-와 : 緩和)	でんわ (뎅-와 : 電話)
	ん (단독)	じかん (지깡- : 時間)	にほん (니홍- : 日本)

n	ん+タ行	はんたい (한-따이:反対)	さんち (산-찌:産地)
	ん+ダ行	もんだい (몬-다이:問題)	おんど (온-도:温度)
	ん+ナ行	あんない (안-나이:案内)	ほんね (혼-네:本音)
	ん+ラ行	ほんらい (혼-라이:本来)	かんり (칸-리:管理)
	ん+ザ行	げんざい (겐-자이:現在)	ばんじ (반-지:万事)
	*ん+サ行	かんさい (칸-사이:関西)	かんし (칸-시:監視)
m	ん+バ行	はんばい (함-바이:販売)	こんぶ (콤-부:昆布)
	ん+パ行	かんぱい (캄-빠이:乾杯)	しんぴ (심-삐:神秘)
	ん+マ行	あんま (암-마:按摩)	きんむ (킴-무:勤務)

※ 발음(撥音)은 'ㄴ'받침으로 대표되는 음이 아니기 때문에 전부 'ㄴ'받침으로 생각해서는 안 된다.

- えん(円) : 엥-(○)　　　엔(×)
- えんか(演歌) : 엥-까(○)　　　엔카(×)
- しんかんせん(新幹線) : 싱-깐-셍-(○)　　　신칸센(×)

※ 한국인이 일본어의 발음(撥音：ん)을 발음하는 것은 매우 어렵다. 한 박자 길게 발음해야 할 뿐만 아니라 그 발음이 뒷글자에 의해 정해지기 때문이다. 발음(撥音)으로 끝나는 단어라도, 뒤에 조사 등이 이어질 때는 그 조사의 음에 따라 발음이 변화하므로 주의해야 한다.

예) 단어(ん) + 조사(助詞)

うどん+조사	발음	의미	うどん+조사	발음	의미
うどん が	우동-가	우동 이	うどん の	우돈-노	우동 의
うどん は	우동-와	우동 은	うどん に	우돈-니	우동 에
うどん を	우동-오	우동 을	うどん と	우돈-또	우동 과
うどん も	우돔-모	우동 도	うどん や	우동-야	우동 이나

일본어의 표기

1 일본어의 로마자 표기

❶ 표준식 표기(ヘボン式)

실제 원음에 가까운 문자로 표기하는 방식으로, 같은 행이라 하더라도 자음이 서로 다른 경우가 있다. 현재 일본에서 가장 널리 쓰이는 방식으로, 역명이나 지명, 여권에 사용되는 이름 등의 영문 표기에 쓰인다.

❷ 훈령식 표기(訓令式)

1954(昭和 29)년 내각 고시된 「로마자 표기법(ローマ字のつづり方)」의 방식으로, 각 행의 자음을 동일한 문자를 사용하여 표기한다. 일본의 초등학교 국어 교육에는 이 표기법이 쓰인다.

❸ 일본식 표기(日本式)

오십음도를 기준으로 하여 같은 행은 같은 자음으로 표시하는 방식이다.

仮名	표준식 표기	훈령식 표기	일본식 표기
あ い う え お	a i u e o	a i u e o	a i u e o
か き く け こ	ka ki ku ke ko	ka ki ku ke ko	ka ki ku ke ko
が ぎ ぐ げ ご	ga gi gu ge go	ga gi gu ge go	ga gi gu ge go
さ し す せ そ	sa shi su se so	sa si su se so	sa si su se so
ざ じ ず ぜ ぞ	za ji zu ze zo	za zi zu ze zo	za zi zu ze zo
た ち つ て と	ta chi tsu te to	ta ti tu te to	ta ti tu te to
だ ぢ づ で ど	da ji zu de do	da zi zu de do	da di du de do
な に ぬ ね の	na ni nu ne no	na ni nu ne no	na ni nu ne no
は ひ ふ へ ほ	ha hi fu he ho	ha hi hu he ho	ha hi hu he ho
ば び ぶ べ ぼ	ba bi bu be bo	ba bi bu be bo	ba bi bu be bo
ぱ ぴ ぷ ぺ ぽ	pa pi pu pe po	pa pi pu pe po	pa pi pu pe po
ま み む め も	ma mi mu me mo	ma mi mu me mo	ma mi mu me mo
や ゆ よ	ya yu yo	ya yu yo	ya yu yo
ら り る れ ろ	ra ri ru re ro	ra ri ru re ro	ra ri ru re ro
わ を	wa wo	wa o	wa wo

2 일본어의 한글 표기

　　일본어 발음의 한글 표기는 어디까지나 편의적인 것이지만 원음을 반영할 수 있어야 한다. 한국어와 일본어는 음이 매우 흡사하여 일본어의 한글 표기가 쉬운 편이지만, 일본어의 모든 발음이 한국어와 일치하는 것은 아니다. 특히 〈か행/が행〉, 〈さ행/ざ행〉, 〈た행/だ행〉의 음과 촉음, 발음, 장음의 한글 표기는 원음과 상당히 다르므로 주의해야 한다. 촉음과 발음은 한 가지 음으로 발음되는 것이 아니므로 음에 따라 구별하여 표기하는 것이 바람직하며, 장음도 표기를 해야만 단어로서 기능을 할 수 있게 된다 .

仮名					한글					
あ	い	う	え	お	아	이	우	에	오	
か	き	く	け	こ	카	키	쿠	케	코	어두
					까	끼	꾸	께	꼬	어중·어미
が	ぎ	ぐ	げ	ご	가	기	구	게	고	
さ	し	す	せ	そ	사	시	스	세	소	
ざ	じ	ず	ぜ	ぞ	자	지	즈	제	조	
た	ち	つ	て	と	타	치	쯔	테	토	어두
					따	찌	쯔	떼	또	어중·어미
だ	ぢ	づ	で	ど	다	지	즈	데	도	
な	に	ぬ	ね	の	나	니	누	네	노	
は	ひ	ふ	へ	ほ	하	히	후	헤	호	
ば	び	ぶ	べ	ぼ	바	비	부	베	보	
ぱ	ぴ	ぷ	ぺ	ぽ	빠	삐	뿌	뻬	뽀	고유어
					파	피	푸	페	포	외래어
ま	み	む	め	も	마	미	무	메	모	
や		ゆ		よ	야		유		요	
ら	り	る	れ	ろ	라	리	루	레	로	
わ				を	와				오	

❶ 청음·탁음의 한글 표기

어두에 위치하는 か행/た행 음의 한글 표기는 が행/だ행 음의 한글 표기를 고려하여 ㄱ/ㄷ 보다는 ㅋ/ㅌ으로 표기하는 것이 합리적이라고 할 수 있다. 또한 어중·어미의 か행/た행 음도 k/t처럼 ㅋ/ㅌ으로 표기하고 있는데, 이것도 오히려 ㄲ/ㄸ으로 표기하는 것이 실제 음에 가깝다고 할 수 있다. 물론 ㅋ/ㅌ에 가깝게 발음되는 경우도 있다.

※ 한글 표기

私(わたし) : 와따시(○) 와다시(×)　　　人(ひと) : 히또 (○) 히도(×)

畳(たたみ) : 타따미(○) 다다미(×)　　　下(した) : 시따 (○) 시다(×)

頭(あたま) : 아따마(○) 아다마(×)　　　下駄(げた) : 게따 (○) 게다(×)

男(おとこ) : 오또꼬(○) 오도꼬(×)　　　馬鹿(ばか) : 바까(○) 바가/빠가(×)

ひらがな : 히라가나(○) 히라까나(×)　　　かたかな : 카따까나(○) 가다까나(×)

- ●金(きん : 금) : 킹-(○)　　　　　　　　●銀(ぎん : 은) : 깅-(○)

- 金貨(きんか : 금화) : 킹-까　　　　　　- 銀貨(ぎんか : 은화) : 깅-까

- 金メダル(きんメダル : 금메달) : 킴-메다루　　- 銀メダル(ぎんメダル : 은메달) : 김-메다루

---

❷ 장음의 한글 표기

　　장음과 단음은 단어를 식별하는 중요한 기능을 하므로, 단어의 장음을 단음으로 발음하면 그 의미가 전혀 달라지거나 알아듣지 못한다. 현재 한국에서 사용하는 일본어 장음의 한글 표기는 일본어의 장음 개념을 전혀 이해하지 못한 표기라고 할 수 있다. あ·い·う·お단의 장음은 그 표기를 생략하면서도, え단의 장음 い는 표기하고 있기 때문이다.

※ 한글 표기

東京(とうきょう)　　　　: 토오꾜오(○)　　　도쿄(×)

大阪(おおさか)　　　　　: 오오사까(○)　　　오사카(×)

京都(きょうと)　　　　　: 쿄오또(○)　　　　교토(×)

九州(きゅうしゅう)　　　: 큐우슈우(○)　　　규슈(×)

❸ 촉음의 한글 표기

　　촉음(っ)은 그 음이 [ㄱ], [ㄷ], [ㅅ], [ㅂ] 등으로 다양한데 한 가지 음으로 표기하는 경향이 있다. 촉음은 'ㅅ' 받침으로 대표되는 발음이 아니므로 전부 'ㅅ' 받침으로 표기하는 것은 옳지 않다.

※ 한글 표기

学校(がっこう) :	각-꼬오(○)	갓꼬(×)
一体(いったい) :	잇-따이(일-따이)(○)	익따이(×)
一切(いっさい) :	잇-싸이(잇-사이)(○)	익사이(×)
一杯(いっぱい) :	입-빠이(○)	잇파이(×)
札幌(さっぽろ) :	삽-뽀로(○)	삿포로(×)

※ 촉음과 발음의 특징을 실제 발음에 반영하기 위해, 편의상 촉음과 발음 뒤에 '-' 기호를 넣어 표시한다.
즉, 촉음과 발음이 한 박자 길게 발음되는 것을 표기하여 정확한 발음을 익힐 수 있도록 하기 위해서이다.

❹ 발음의 한글 표기

발음(ん)은 그 음이 [ㄴ], [ㅁ], [ㅇ] 등으로 다양한데 한 가지 음으로 표기하는 경향이 있다. 발음은 'ㄴ' 받침으로 대표되는 발음이 아니므로 전부 'ㄴ' 받침으로 표기하는 것은 옳지 않다.

※ 한글 표기

円(えん)	: 엥-(○)	엔(×)
演歌(えんか)	: 엥-까(○)	엔카(×)
漢字(かんじ)	: 칸-지(○)	캉지(×)
散歩(さんぽ)	: 삼-뽀(○)	산뽀(×)
三洋(さんよう)	: 상-요오(○)	산요(×)
新幹線(しんかんせん)	: 싱-깐-셍-(○)	신칸센(×)

일본어의 한자(漢字 : かんじ)

1 일본어 한자음의 특징

일본어에서 사용하는 한자는 그 읽는 방법과 용법이 다양하다. 한자를 음독만
하는 한국어와는 달리 일본어 한자는 음독과 훈독을 둘 다 한다. 또한 한 가지 한
자가 하나 이상의 음과 훈을 가진 경우도 많다. 일정해야 할 음독이 다양한 것은
한자 전래 시기의 차이에 기인하는 것이고, 훈독이 다양한 것은 하나의 한자가 때
때로 많은 일본어(고유어)에 대응하거나 고유어를 뜻에 비추어 그에 맞는 한자를
임의로 사용하기 때문이다. 따라서 여러 의미를 가진 한자가 여러 고유어에 사용
되어 다양하게 읽힐 수도 있고, 하나의 단어에 의미가 비슷한 여러 한자가 사용될
수도 있으며, 여러 의미를 가진 고유어에는 여러 한자가 사용될 수 있는 것이다.

이 밖에도 일본에서 만들어진 한자도 있고, 외래어나 고유어 등 비한자어를 표
기하기 위해 그 의미와는 전혀 관계없는 한자가 사용되는 경우도 있다. 또한 한
자를 의미 전달의 목적으로만 사용하여 그 읽는 방법에는 무관심한 경우도 있다.
즉, 일본어에서 한자가 다양한 방법으로 읽히는 것은 단어(말)로서의 유입과 고유
어의 운용(표기)에 한자가 사용되었기 때문이다.

한자를 언제 음독하고 훈독하는지를 구분하는 것은 그리 쉬운 문제는 아니지
만, 일반적으로 한자어는 음독을 하고, 고유어에 사용된 한자는 훈독을 한다. 단
어 중에는 음독을 하는 한자어와 훈독을 하는 한자어가 한 단어를 구성하는 경우
도 있다.

❶ 음독 : 전래 시기에 따라 그 음이 다르다 .

◆ **오음**(呉音)

5〜6세기 경에 중국 남부 양자강 하류 지역에서 사용된 음으로 한국을 경유하여 전래된 가장 오래된 한자음이다.

불교 경전 등 불교 관련 용어에 많이 사용된다. 「修行(しゅぎょう : 수행)」,「経文(きょうもん : 경문)」,「男女(なんにょ : 남녀)」,「頭脳(ずのう : 두뇌)」,「白衣(びゃくえ : 백의)」 등이 오음에 해당한다.

◆ **한음**(漢音)

중국 수·당 시대의 수도인 장안음(표준음)을 7〜8세기에 견당사(遣唐使)나 학승(學僧)들이 들여온 것으로, 일본어 한자음 중 가장 많이 사용된다.

「孝行(こうこう : 효행)」,「経歴(けいれき : 경력)」,「男女(だんじょ : 남녀)」,「頭角(とうかく : 두각)」,「白衣(はくい : 백의)」 등이 한음에 해당한다.

◆ **당음**(唐音)

중국 송, 원, 명, 청 시대의 남방음이 카마꾸라(鎌倉) 시대부터 에도(江戸) 시대에 걸쳐 무역 등을 통해 전래된 음으로, 그다지 많지는 않다.

「行灯(あんどん : 사방등)」,「行脚(あんぎゃ : 행각)」,「饅頭(まんじゅう : 만두)」,「普請(ふしん : 건축·토목공사)」 등이 당음에 해당한다.

한자	읽기		용례
	오음	ぎょう	行事(ぎょうじ : 행사)　行政(ぎょうせい : 행정)
行	한음	こう	行動(こうどう : 행동)　旅行(りょこう : 여행)
	당음	あん	行宮(あんぐう : 행궁)　行脚(あんぎゃ : 행각)

❷ 훈독

　일본어에는 고유한 문자가 없어 중국에서 들어온 한자어는 물론 고유어 표기에도 한자를 사용한다. 고유어에 그 의미를 반영한 한자가 사용되고, 그 한자를 고유어의 음으로 읽는 것이 훈독이다. 하나의 고유어에 복수의 한자가, 복수의 고유어에 하나의 한자가 대응하는 경우가 있어 한자의 훈독은 다양하다.

한자	읽기		용례
駅	음독	えき	駅(えき : 역)　駅前(えきまえ : 역전)
	훈독	×	×
沖	음독	×	×
	훈독	おき	沖(おき : 앞바다)　沖縄(おきなわ : 오키나와)
心	음독	しん	心臓(しんぞう : 심장)　中心(ちゅうしん : 중심)
	훈독	こころ	心(こころ : 마음)
体	음독	たい	体育(たいいく : 체육)　身体(しんたい : 신체)
		てい	体裁(ていさい : 외관)
	훈독	からだ	体(からだ : 몸)
値	음독	ち	価値(かち : 가치)
	훈독	ね	値(ね : 값)　値打ち(ねうち : 가격)
		あたい	値する(あたいする : ～할 만 하다)
音	음독	いん	子音(しいん : 자음)　母音(ぼいん : 모음)
		おん	音楽(おんがく : 음악)　騒音(そうおん : 소음)
	훈독	おと	音(おと : 소리)
		ね	音色(ねいろ : 음색)

한자	읽기		용례
生	음독	せい	生活(せいかつ : 생활) 学生(がくせい : 학생)
		しょう	生涯(しょうがい : 생애) 生じる(しょうじる : 생기다)
		じょう	誕生(たんじょう : 탄생) 衆生(しゅじょう : 중생)
	훈독	う	生む(うむ : 낳다) 生まれる(うまれる : 태어나다)
		い	生きる(いきる : 살다) 生かす(いかす : 살리다)
		は	生える(はえる : 나다) 生やす(はやす : 기르다)
		なま	生物(なまもの : 날 것) 生ビール(なまビール : 생맥주)
		き	生粋(きっすい : 순수)
		お	生い立ち(おいたち : 성장)
		ふ	芝生(しばふ : 잔디밭)

3 일본어의 특수 한자

❶ 숙자훈(熟字訓〔じゅくじくん〕)

　'숙자훈'이란 한자 숙자의 의미를 그대로 일본어에 대응시켜 읽는 한자를 말한다.

吹雪(ふぶき : 눈보라)	紅葉(もみじ : 단풍)
今日(きょう : 오늘)	昨日(きのう : 어제)
下手(へた : 서툼)	土産(みやげ : 선물)

❷ 아떼지(当て字 또는 宛字〔あてじ〕)

'아떼지'란 한자가 가진 의미와는 직접적인 관계없이 그 음과 훈을 이용하여 일본어를 나타내는 한자를 말한다. 외래어의 한자 표기도 일종의 '아떼지'라고 할 수 있다.

丁度(ちょうど : 바로)	天婦羅(てんぷら : 튀김)
亜細亜(アジア : 아시아)	倶楽部(クラブ : 클럽)
珈琲(コーヒー : 커피)	矢張り(やはり : 역시)

❸ 국자(国字〔こくじ〕)

'국자'란 일본에서 만든 한자(和製漢字)로 중국에서 가져온 한자가 아닌 일본인에 의해 고안된 한자를 말한다. 즉, 그 의미와 형태가 일본에서만 통용되는 한자이다.

峠(とうげ : 고개)	掟(おきて : 규정)
沖(おき : 바다)	畑(はた : 밭)
偲ぶ(しのぶ : 그리워하다)	働く(はたらく : 일하다)

01

日本は 雨です。

학습 내용

~は ~です ~은/는 ~입니다	日本は 雨です 일본은 비입니다
~も ~도	韓国も 한국도
~か ~까?	雨ですか 비입니까?
~が ~이/가	来週が 다음 주가
~の ~의/인	英語の 試験 영어의 시험

본문 대화

★ 일본에서 – 成田(なりた)

田中(たなか)：いま、日本(にほん)は 雨(あめ)です。

韓国(かんこく)も 雨(あめ)ですか。

ハン：はい、そうです。

韓国(かんこく)も いま 雨(あめ)です。

새 단어		
・なりた(成田)：나리따(지명)	・かんこく(韓国)：한국
・いま(今)：지금	・はい：예
・にほん(日本)：일본	・そうです：그렇습니다 (そう：그렇게)
・あめ(雨)：비	

★ 한국에서 – 学校(がっこう)

徳川(とくがわ)：あしたは 休(やす)みですか。

李：いいえ、あしたも 学校(がっこう)です。

徳川(とくがわ)：あしたも 勉強(べんきょう)ですか。

李：実(じつ)は 来週(らいしゅう)が 試験(しけん)です。

徳川(とくがわ)：何(なん)の 試験(しけん)ですか。

李：英語(えいご)の 試験(しけん)です。

새 단어		
・あした(明日)：내일	・じつは(実は)：실은, 사실은
・やすみ(休み)：쉼, 휴일, 휴가	・らいしゅう(来週)：다음 주
・いいえ：아니오	・しけん(試験)：시험
・がっこう(学校)：학교	・なん(何)：무엇 (=なに)
・べんきょう(勉強)：공부	・えいご(英語)：영어

본문 해설

본문

にほん あめ
日本は 雨です。

1 ~は ~です

◇ ~は

- 의미: ~은/는
- 용법:「は」는 조사로, 조사 「は」는 「わ」로 읽는다.

> はし
> ・橋は[hasi**wa**] : 다리는　　・花は[hana**wa**] : 꽃은
> はな

※ は행의 발음

　현대어의 は행은 [ha·hi·hu·he·ho]로 읽지만, 예전에는 어두에 위치할 때와 그렇지 않을 때의 발음이 서로 달랐다. 어중·어미에 위치하는 は행은 わ행(wa·i·u·e·o)으로 읽었다. 그래서 다른 단어의 뒤에 붙어 사용되는 조사 는는 원형을 유지하여 「は」로 표기하지만, 읽기는 「わ」로 읽는 것이다.

◇ ~です

- 의미: ~입니다
- 용법:「です」는 명사에 붙어 명사를 술어로 만드는 조동사이다.

にほん はる
① 日本は 春です。
　(일본은 봄입니다.)

がっこう
② ここは 学校です。
　(여기는 학교입니다.)

わたし かんこくじん
③ 私 は 韓国人です。
　(나는 한국인입니다.)

あした<u>も</u> 学校です。

2 〜も

■ 의미: 〜도

■ 용법:「も」는 첨가를 나타내는 조사이다.

① 彼も 日本人です。

(그도 일본인입니다.)

② 彼女も 友だちです。

(그녀도 친구입니다.)

③ アメリカも 休みです。

(미국도 휴일입니다.)

韓国も 雨です<u>か</u>。
あしたは 休みです<u>か</u>。

3 〜か

■ 의미: 〜까?

■ 용법:「か」는 명사나 술어의 종지형에 붙어 의문을 나타내는 조사이다.

① 日本は 雨です<u>か</u>。

(일본은 비입니<u>까</u>?)

② 韓国は 雪ですか。

（한국은 눈입니까?）

③ 今日は 休みですか。

（오늘은 휴일입니까?）

来週が 試験です。

4 ～が

- 의미: ～이/가

- 용법:「が」는 주격을 나타내는 조사이다.

① ここが 学校です。

（여기가 학교입니다.）

② 明日が 試験です。

（내일이 시험입니다.）

③ これが 事実です。

（이것이 사실입니다.）

何の 試験ですか。
英語の 試験です。

5 ～の

- 의미: ～의/인
- 용법:「の」는 명사와 명사를 연결하여 소유격이나 동격 등을 나타낸다. 생략할 수 있는 한국어의 '～의'와 달리「の」는 생략할 수 없기 때문에 명사와 명사 사이에「の」가 들어가지 않는 경우는 거의 없다.

① いま 電車の 中です。
   (지금 전철(의) 안입니다.)

② ここは 私 の 部屋です。
   (여기는 나의 방입니다.)

③ 彼女は 友達の ナラです。
   (그녀는 친구인 나라입니다.)

표현 연습

1. ~은/는 ~입니다　　　　【~は ~です】

❶ 오늘은 휴일입니다.
今日（きょう）は 休（やす）みです。

❷ 나리따는 공항입니다.
成田（なりた）は 空港（くうこう）です。

❸ 회사는 저기입니다.
会社（かいしゃ）は あそこです。

2. ~도　　　　【~も】

❶ 한국도 여름입니다.
韓国（かんこく）も 夏（なつ）です。

❷ 그도 중국인입니다.
彼（かれ）も 中国人（ちゅうごくじん）です。

❸ 친구도 대학생입니다.
友達（ともだち）も 大学生（だいがくせい）です。

3. ~까?　　　　【~か】

❶ 그것이 사실입니까?
それが 事実（じじつ）ですか。

❷ 은행은 휴일입니까?
銀行（ぎんこう）は 休（やす）みですか。

❸ 그녀도 유학생입니까?

彼女も　留学生ですか。

4.　～이/가　　　　　　　　　【～が】

❶ 근처가 공원입니다.

近くが　公園です。

❷ 여기가 서점입니다.

ここが　本屋です。

❸ 일본인이 선생님입니다.

日本人が　先生です。

5.　～의/인　　　　　　　　　【～の】

❶ 대학이 역 근처입니다.

大学が　駅の　近くです。

❷ 옆이 그녀의 집입니다.

隣が　彼女の　家です。

❸ 친구가 가수인 소리입니다.

友達が　歌手の　ソリです。

1 인칭대명사

일인칭		이인칭		삼인칭		부정칭	
私(=私) 僕	나/저 나	あなた 君	당신 너	彼 彼女	그 그녀	どなた だれ	어느 분 누구

※ 일인칭에는 「わたし」를 사용하는 것이 무난하며, 이인칭에는 이름 뒤에 「さん」을 붙이는 것이 일반적이다. 한국어의 〈그/그녀〉는 본인이 현장에 없는 경우에 사용하는데, 일본어의 〈彼/彼女〉는 본인이 현장에 있을 때와 없을 때 모두 사용할 수 있다.

2 지시어

지시어	근칭		중칭		원칭		부정칭	
기본	こ	이	そ	그	あ	저	ど	어느
연체	この〜	이〜	その〜	그〜	あの〜	저〜	どの〜	어느〜
장소	ここ	여기	そこ	거기	あそこ	저기	どこ	어디
사물	これ	이것	それ	그것	あれ	저것	どれ	어느 것
방향	こちら こっち	이쪽	そちら そっち	그쪽	あちら あっち	저쪽	どちら どっち	어느 쪽

MEMO

02

日本の 夏は あついです。

학습내용

・형용사 ～하다	あつ**い** 덥**다**
・형용사+です ～합니다	あつい**です** 덥**습니다**
・형용사 연체형 ～한	あつ**い**夏 더**운** 여름
・～ね ～군	あついです**ね** 덥**군**요
・～ほう ～편	さむい**ほう** 추운 **편**
・～が ～만	むずかしいです**が** 어렵습니다**만**
・～より ～보다	英語**より** 영어**보다**

★ 일본에서-気候(きこう)

ハン： 夏は 日本も 韓国も あついですね。

田中： 韓国の 夏も あついですか。

ハン： はい、韓国の 夏も あついです。

田中： 冬は どうですか。

ハン： 韓国の 冬は さむい 方です。

　　　　冬は 日本の 方が あたたかいですね。

새 단어	・きこう(気候)：기후	・ふゆ(冬)：겨울
	・なつ(夏)：여름	・さむい(寒い)：춥다
	・あつい(暑い)：덥다	・〜ほう(〜方)：〜쪽, 〜편

★ 한국에서-日本語(にほんご)

徳川： 日本語は むずかしいですか。

李 ： 少し むずかしいです。

徳川： 何が むずかしいですか。

李 ： 漢字が 少し むずかしいですが、

　　　 でも、英語よりは やさしいです。

새 단어	・にほんご(日本語)：일본어	・でも：하지만, 그럴지만(=それでも)
	・むずかしい(難しい)：어렵다	・〜より：〜보다
	・すこし(少し)：조금, 좀	・やさしい(易しい)：쉽다

본문 해설

본문

韓国の 夏も <u>あつい</u>です。

1 형용사

- 형태: ～い
- 용법: 형용사는「～い」의 형태가 기본형이며 보통체의 종지형이 된다.
  「です」를 붙여 정중형으로 사용하며, 명사를 수식하는 경우에도
  기본형을 사용하기 때문에 어미 변화가 없다.

보통체 : ～い	정중체 : ～です	연체형 : ～い＋명사
あつい 덥다	あついです 덥습니다	あつい なつ 더운 여름
さむい 춥다	さむいです 춥습니다	さむい ふゆ 추운 겨울
ひろい 넓다	ひろいです 넓습니다	ひろい うみ 넓은 바다

◇ 기본형(보통체 종지형)

① 日本は 雨が おおい。
  (일본은 비가 많다.)

② 彼女は 顔が まるい。
  (그녀는 얼굴이 둥글다.)

③ 市内は 人が すくない。
  (시내는 사람이 적다.)

◇ 형용사 ＋ です

① 象は 鼻が ながいです。
(코끼리는 코가 깁니다.)

② 韓国の 川は ひろいです。
(한국의 강은 넓습니다.)

③ 日本の 山は たかいです。
(일본의 산은 높습니다.)

◇ 형용사 ＋ 명사

① 彼は やさしい 人です。
(그는 상냥한 사람입니다.)

② 今日は たのしい 日です。
(오늘은 즐거운 날입니다.)

③ 韓国は うつくしい 国です。
(한국은 아름다운 나라입니다.)

夏は 日本も 韓国も あついですね。

2 ～ね

- 의미: ～군, ～지
- 용법:「ね」는 문 끝에 붙어 어떤 사실에 대해 공동의 인식을 전제로 동의하거나 동의를 구하는 내용을 표현할 때 사용하는 종조사이다.

학습 내용

본문 대화

본문 해설

표현 연습

보충 학습

① これが 韓国の キムチです。

(이것이 한국의 김치입니다.)

これが 韓国の キムチですね。

(이것이 한국의 김치이군요.)

② 日本の 漫画は おもしろいです。

(일본 만화는 재미있습니다.)

日本の 漫画は おもしろいですね。

(일본 만화는 재미있군요.)

③ 彼女の 性格は とても 明るいです。

(그녀의 성격은 매우 밝습니다.)

彼女の 性格は とても 明るいですね。

(그녀의 성격은 매우 밝군요.)

韓国の 冬は さむい 方です。

3　～ほう

■ 의미: ～쪽/편

■ 용법:「ほう」는 방향, 지역, 분야, 부류 등을 나타낸다.

① 大学の 方は 休みです。

(대학은 휴일입니다.)

② 電車の 方が 早いです。

(전철 쪽이 빠릅니다.)

③ 夏は 雨が 多い 方です。

(여름은 비가 많은 편입니다.)

④ 田舎の 家は 広い 方です。

(시골의 집은 넓은 편입니다.)

漢字が 少し むずかしいですが、

4 ～が

- 의미: ～(이/하)지만, ～(인/한)데
- 용법:「が」는 접속조사로서 두 문을 대비 또는 대조의 관계로 연결하거나, 앞에 문을 제시하고 그에 대해 기술할 때 사용한다.「が」앞에는 보통체와 정중체가 모두 올 수 있다.

① 背は 高いが、体重は 軽いです。

(키는 크지만, 체중은 가볍습니다.)

→ 背は 高いですが、体重は 軽いです。

② 外は 寒いですが、中は 暖かいです。

(밖은 춥지만, 안은 따뜻합니다.)

③ これは 携帯電話だが、かなり 高いです。

(이것은 휴대전화인데, 꽤 비쌉니다.)

→ これは 携帯電話ですが、かなり 高いです。

④ これは 日本茶ですが、とても おいしいです。

(이것은 일본차인데, 아주 맛있습니다.)

でも、英語<u>より</u>は やさしいです。

5 ～より

- 의미: ～보다
- 용법:「より」는 비교를 나타내는 조사이다.「ほう」와 함께 사용하는 경우가 많다.

① 週末より 平日が いいです。
(주말보다 평일이 좋습니다.)

② ソウルは 東京より 寒いです。
(서울은 동경보다 춥습니다.)

③ 電車が タクシーより 速いです。
(전철이 택시보다 빠릅니다.)

④ 歌より 踊りの 方が うまいです。
(노래보다 춤 쪽이 낫습니다.)

1. 형용사(~하다) 　　　　　　【~い】

❶ 시골은 인구가 적다.
田舎は 人口が 少ない。

❷ 일본 라면은 맛있다.
日本の ラーメンは おいしい。

❸ 한국 드라마는 재미있다.
韓国の ドラマは おもしろい。

2. 형용사(~합니다) 　　　　　　【~い+です】

❶ 겨울 밤은 깁니다.
冬の 夜は 長いです。

❷ 여름은 비가 많습니다.
夏は 雨が 多いです。

❸ 가을의 산은 아름답습니다.
秋の 山は 美しいです。

3. 형용사+명사(~한) 　　　　　　【~い】

❶ 이것이 새로운 길입니다.
これが 新しい 道です。

❷ 그것은 어려운 문제입니다.
それは 難しい 問題です。

❸ 일본은 비가 많은 편입니다.
日本は 雨が 多い 方です。

4. ~군 　　　　　　　　　　　　【~ね】

❶ 그는 머리가 좋군요.

彼は　頭が　いいですね。

❷ 한국의 겨울은 춥군요.

韓国の　冬は　寒いですね。

❸ 바다 바람은 시원하군요.

海の　風は　涼しいですね。

5. ~쪽, ~편 　　　　　　　　　　　【~ほう】

❶ 그는 눈이 큰 편입니다.

彼は　目が　大きい　方です。

❷ 그녀는 키가 큰 편입니다.

彼女は　背が　高い　方です。

❸ 여행은 가을 쪽이 좋습니다.

旅行は　秋の　方が　いいです。

6. ~(지)만 　　　　　　　　　　　【~が】

❶ 겨울은 춥지만, 봄은 따뜻합니다.

冬は　寒いが、春は　暖かいです。

❷ 역은 가깝지만, 집세가 비쌉니다.

駅は　近いですが、家賃が　高いです。

❸ 재미있는데, 내용이 조금 깁니다.

おもしろいですが、内容が　少し　長いです。

7. ~보다　　　　　　　　　　　　【～より】

❶ 인천은 서울보다 넓습니다.
　仁川は ソウルより 広いです。

❷ 택시는 전철보다 늦습니다.
　タクシーは 電車より 遅いです。

❸ 비행기보다 배 쪽이 즐겁습니다.
　飛行機より 船の 方が 楽しいです。

1 날

おととい	昨日 きのう	今日 きょう	明日 あした	あさって
그저께	어제	오늘	내일	모레

① 今日は　彼女の　誕生日です。
(오늘은 그녀의 생일입니다.)

② 明日は　会社が　休みです。
(내일은 회사가 휴일입니다.)

2 요일

月曜日 げつようび	火曜日 かようび	水曜日 すいようび	木曜日 もくようび	金曜日 きんようび	土曜日 どようび	日曜日 にちようび
월요일	화요일	수요일	목요일	금요일	토요일	일요일

① 試験は　何曜日ですか。
(시험은 무슨 요일입니까?)

② 旅行は　来週の　金曜日です。
(여행은 다음 주 금요일입니다.)

3 　주와 달

		せんせん 先々～	せん 先～	こん 今～	らい 来～	さらい 再来～
주	しゅう 週	せんせんしゅう 先々週	せんしゅう 先週	こんしゅう 今週	らいしゅう 来週	さらいしゅう 再来週
		지지난 주	지난주	이번 주	다음 주	다다음 주
달	げつ 月	せんせんげつ 先々月	せんげつ 先月	こんげつ 今月	らいげつ 来月	さらいげつ 再来月
		지지난 달	지난달	이번 달	다음 달	다다음 달

① それは 先週の 新聞です。
（그것은 지난주 신문입니다.）

② 来月は 会社の 出張です。
（다음 달은 회사 출장입니다.）

4 　해

おととし	きょねん 去年	ことし 今年	らいねん 来年	さらいねん
재작년	작년	올해/금년	내년	내후년

① 今年は 景気が 悪いです。
（올해는 경기가 나쁩니다.）

② 彼女の 卒業は 来年です。
（그녀의 졸업은 내년입니다.）

03

銀座は とても きれいですね。

학습내용

·~だ(조동사) ~이다	中心地だ 중심지이다
·~から ~(이)기 때문에	中心地だから 중심지이기 때문에
·형용동사 ~(하)다	きれいだ 깨끗하다
·형용동사+です ~(합)니다	きれいです 깨끗합니다
·형용동사+な ~한	きれいな 街 깨끗한 거리
·~술어+し ~(이/하)고	賑やかだし 번화하고
·~で(だ의 활용형) ~(으)로	野球で 야구이고
·~と ~와/과	サッカーと バスケット ボール 축구와 농구

★ 일본에서—銀座^{ぎんざ}

田中^{たなか}：ここが 銀座^{ぎんざ}です。

ハン：すごいですね。

田中^{たなか}：銀座^{ぎんざ}は 東京^{とうきょう}の 中心地^{ちゅうしんち}だから

とても 賑^{にぎ}やかだし、人々^{ひとびと}も 多^{おお}いです。

ハン：とても きれいな 街^{まち}ですね。

田中^{たなか}：外国人^{がいこくじん}も 多^{おお}いです。

ハン：本当^{ほんとう}ですね。

새 단어	
・ぎんざ(銀座)：긴자(지명)	・ひとびと(人々)：사람들
・ここ：여기	・おおい(多い)：많다
・すごい：대단하다, 굉장하다	・きれいだ：깨끗하다, 아름답다
・とうきょう(東京)：동경(지명)	・まち(街)：거리
・ちゅうしんち(中心地)：중심지	・がいこくじん(外国人)：외국인
・とても：매우	・ほんとうだ(本当だ)：정말이다
・にぎやかだ(賑やかだ)：번화하다	

★ 한국에서-スポーツ

李 ：スポーツは 好きですか。

徳川：大好きです。

李 ：特に 好きな スポーツは 何ですか。

徳川：好きな スポーツは 野球で、韓国の
　　　プロ野球も 大好きです。

李 ：そうですか。

徳川：サッカーと バスケットボールも 好きです。

새 단어		
・スポーツ：스포츠		・やきゅう(野球)：야구
・すきだ(好きだ)：좋아하다		・プロ：프로
・だいすきだ(大好きだ)：매우 좋아하다		・サッカー：축구
・とくに(特に)：특별히		・バスケットボール：농구

본문

銀座は 東京の 中心地だから

1 ～だ

- 의미: ～이다
- 용법:「だ」는 명사에 붙어 명사를 술어로 만드는 조동사로,「です」의
  보통체이다.

① 彼は 韓国の 歌手だ。

(그는 한국 가수다.)

② これは 新しい 製品だ。

(이것은 새로운 제품이다.)

③ 男は みんな オオカミだ。

(남자는 모두 늑대다.)

④ 秋は 収穫の 季節だ。

(가을은 수확의 계절이다.)

2 ～から

- 의미: ～니까, ～기 때문에, ～해서
- 용법:「から」는 원인이나 이유, 근거 등을 나타내는 접속조사이다.
  「から」앞에는 보통체와 정중체가 올 수 있다.

① 明日が 試験だから 忙しいです。

明日が 試験ですから 忙しいです。

(내일이 시험이라서 바쁩니다.)

학습 내용

본문 대화

본문 해설

표현 연습

보충 학습

② そこは 冬だから、まだ寒いです。

そこは 冬ですから、まだ寒いです。

(거기는 겨울이니까, 아직 춥습니다.)

③ 品物が いいから、値段が 高いです。

品物が いいですから、値段が 高いです。

(물건이 좋으니까, 가격이 비쌉니다.)

④ 彼女は 優しいから、友だちが 多いです。

彼女は 優しいですから、友だちが 多いです。

(그녀는 상냥하기 때문에 친구가 많습니다.)

とても 賑やかだし、人々も 多いです。
とても きれいな 街ですね。

3 형용동사

- 형태: 형용동사 어간+だ
- 의미: ~하다
- 용법: 형용동사는 형용사와 의미는 같지만 활용이 다른 품사이다. 보통 체에는 기본형 어미에「だ」를, 정중체에는「です」를 사용하며, 명 사를 수식하는 경우에는「な」를 사용한다.

보통체 : ～だ	정중체 : ～です	연체형 : ～な
まじめだ 성실하다 しずかだ 조용하다 べんりだ 편리하다 ほうふだ 풍부하다	まじめです 성실합니다 しずかです 조용합니다 べんりです 편리합니다 ほうふです 풍부합니다	まじめな ひと 성실한 사람 しずかな ばしょ 조용한 장소 べんりな しゅだん 편리한 수단 ほうふな しなもの 풍부한 물건

◇ 기본형 (보통체)

① 学生は きれいだ。

   (학생은 예쁘다.)

② 図書館は しずかだ。

   (도서관은 조용하다.)

③ この 辺は 夜も 安全だ。

   (이 주변은 밤에도 안전하다.)

◇ 형용동사 ＋ です (정중체)

① 今は 果物が 豊富です。

   (지금은 과일이 풍부합니다.)

② 彼は 成績も りっぱです。

   (그는 성적도 훌륭합니다.)

③ 韓国人は とても 親切です。

   (한국인은 매우 친절합니다.)

◇ 형용동사 + な

① 韓国は　豊かな　国です。
(한국은 풍족한 나라입니다.)

② これは　深刻な　問題です。
(이것은 심각한 문제입니다.)

③ 今日は　さわやかな　朝です。
(오늘은 상쾌한 아침입니다.)

본문

とても 賑やかだし、人々も 多いです。

4 ～し

- 의미: ～(이/하)고

- 용법: 「し」는 술어의 보통체나 정중체에 접속하여 두 개 이상의 사건이
　　　　나 사태 등을 열거할 때 사용한다.

① 彼は　社長だし、会社の　オーナーです。

　彼は　社長ですし、会社の　オーナーです。
(그는 사장이고, 회사의 오너입니다.)

② キムチは　おいしいし、値段も　安いです。

　キムチは　おいしいですし、値段も　安いです。
(김치는 맛있고 가격도 쌉니다.)

③ 水も　きれいだし、空気も　さわやかです。

　水も　きれいですし、空気も　さわやかです。
(물도 깨끗하고 공기도 상쾌합니다.)

好きな スポーツは 野球<u>で</u>、

5　～で

- 의미: ～(이)고, ～(이)며, ～(으)로
- 용법: 「で」는 조동사 「だ」(～이다)의 활용형으로, 문을 중지시켜 다음 문에 연결하는 경우에 사용한다.

① ここは 夜で、向うは 朝です。
（여기는 밤이고, 거기는 아침입니다.）

② 韓国は 西で、日本は 東です。
（한국은 서쪽이고, 일본은 동쪽입니다.）

③ 韓国は 三月で、すでに 春です。
（한국은 삼월이며, 이미 봄입니다.）

④ 彼女は 学生で、名前は ソラです。
（그녀는 학생으로, 이름은 소라입니다.）

학습 내용

본문 대화

본문 해설

표현 연습

보충 학습

본문

サッカー<u>と</u> バスケットボールも 好^すきです。

6 ～と

■ 의미: ～와/과

■ 용법:「と」는 사물을 열거할 때 사용하는 조사이다.

① 韓国^{かんこく}と 日本^{にほん}は 梅雨^{つゆ}です。
   (한국과 일본은 장마입니다.)

② 明日^{あした}と 明後日^{あさって}は 会議^{かいぎ}です。
   (내일과 모레는 회의입니다.)

③ 夏^{なつ}の 旅行^{りょこう}は 山^{やま}と 海^{うみ}が 多^{おお}いです。
   (여름 여행은 산과 바다가 많습니다.)

1. ～이다 　　　　　　　　　　　　【～だ】

❶ 그녀는 한국 배우다.
　　彼女は　韓国の　俳優だ。

❷ 이것은 새로운 내용이다.
　　これは　新しい　内容だ。

❸ 그는 일본어 선생님이다.
　　彼は　日本語の　先生だ。

2. ～기 때문에, ～니까 　　　　　　【～から】

❶ 비가 많아서 습기도 많습니다.
　　雨が　多いから、湿気も　多いです。

❷ 다음 주가 발표여서 지금은 바쁩니다.
　　来週が　発表だから　今は　忙しいです。

❸ 여기는 시골이라서 사람이 적습니다.
　　ここは　田舎ですから、人が　少ないです。

3. ～하다(형용동사) 　　　　　　　【～だ】

❶ 그의 여동생은 예쁘다.
　　彼の　妹　は　きれいだ。

❷ 한국은 밤에도 안전하다.
　　韓国は　夜も　安全だ。

❸ 아침의 도서관은 조용하다.
　　朝の　図書館は　しずかだ。

4. ～합니다(형용동사)　　　　　【～です】

❶ 아침 공기는 상쾌합니다.
　朝の　空気は　さわやかです。

❷ 선생님의 지도는 친절합니다.
　先生の　指導は　親切です。

❸ 환경 문제는 매우 심각합니다.
　環境問題は　とても　深刻です。

5. ～한(형용동사)　　　　　　【～な】

❶ 그는 성실한 학생입니다.
　彼は　真面目な　学生です。

❷ 이것은 훌륭한 성적입니다.
　これは　立派な　成績です。

❸ 지금은 물건이 풍부한 시대입니다.
　今は　品物が　豊富な　時代です。

6. ～이고/하고　　　　　　【～し】

❶ 한국은 안전하고 거리도 가깝습니다.
　韓国は　安全だし、距離も　近いです。

❷ 요리도 맛있고, 장소도 깨끗합니다.
　料理も　おいしいですし、場所も　綺麗です。

❸ 지금은 가을이고, 관광객도 많은 시기입니다.
　今は　秋だし、観光客も　多い　時期です。

7. ～(이)고, ～으로　　　　　　　　　　【～で】

❶ 남쪽은 바다이고 북쪽은 산입니다.
　　南は 海で、北は 山です。

❷ 그녀는 미국인으로 유학생입니다.
　　彼女は アメリカ人で、留学生です。

❸ 오른쪽은 커피숍이고, 왼쪽은 식당입니다.
　　右は 喫茶店で、左は 食堂です。

8. ～와/과　　　　　　　　　　　　　【～と】

❶ 야채와 과일은 비쌉니다.
　　野菜と 果物は 高いです。

❷ 오늘과 내일은 시험입니다.
　　今日と 明日は 試験です。

❸ 위와 아래는 사무실로 조용합니다.
　　上と 下は 事務室で 静かです。

1 수(한자어)

쓰기	읽기	의미
一	いち	일
二	に	이
三	さん	삼
四	し/よ/**よん**	사
五	ご	오
六	ろく	육
七	しち/**なな**	칠
八	はち	팔
九	**きゅう**/く	구
十	じゅう	십

※ 四의 음은 「し」이지만,「よん」을 주로 사용하며 七은「なな」를, 九는「きゅう」를 많이 사용한다.

| 2 | 수(고유어: 하나~열) |

쓰기	읽기	의미
一つ	ひとつ	하나/한 개
二つ	ふたつ	둘/두 개
三つ	みっつ	셋/세 개
四つ	よっつ	넷/네 개
五つ	いつつ	다섯/다섯 개
六つ	むっつ	여섯/여섯 개
七つ	ななつ	일곱/일곱 개
八つ	やっつ	여덟/여덟 개
九つ	ここのつ	아홉/아홉 개
十	とお	열/열 개

※ 고유어 수사는 하나에서 열까지만 사용된다.

04

あまり 遠くないです。

학습 내용

・〜から 〜まで 　〜에서 〜까지	ホテル**から** 駅**まで**（えき） 호텔**에서** 역**까지**
・형용사+ない 　〜(하)지 않다	遠**くない**（とお） 멀**지 않다**
・〜でしょう ① 〜(할/일) 것입니다 ② 〜(하/이)지요?	難しい**でしょう**（むずか） ① 어려울 것입니다 ② 어렵**지요?**
・〜や 　〜(이)나/(이)랑	文法**や**会話（ぶんぽう）（かいわ） 문법**이나** 회화
・〜ほど 　〜처럼	英語**ほど**（えいご） 영어**처럼**

★ 일본에서―東京駅

ハン： ホテルから 駅までは 遠いですか。

田中： いいえ、あまり 遠くないです。

　　　　すぐ 近くです。

ハン： あれが 駅ですか。

田中： そうです。あれが 東京駅です。

ハン： 東京駅は とても 広いですね。

| 새
단어 | ・えき (駅)： 역
・ホテル： 호텔
・とおい (遠い)： 멀다
・あまり： 그다지 | ・すぐ： 바로
・ちかく (近く)： 가까운 곳, 근처
・ひろい (広い)： 넓다 |

★ 한국에서―授業

徳川： 英語は 難しいでしょう。

　　　　特に 会話などは。

李 ： そうですね。英会話は 難しいですね。

徳川： 日本語の 会話は どうですか。文法などは

　　　　難しく ないですか。

李 ： 文法や 会話なども 英語ほど 難しくは

　　　　ないですね。

| 새
단어 | ・じゅぎょう (授業)： 수업
・かいわ (会話)： 회화
・えいかいわ (英会話)： 영어 회화 | ・ぶんぽう (文法)： 문법
・～など： ～등
・ほど： ～처럼, ～정도(로) |

본문

ホテル<u>から</u> 駅<u>まで</u>は 遠いですか。

1 ～から

- 의미: ～에서(부터), ～(으로)부터
- 용법:「から」는 시간이나 장소 등의 기점(출발점)을 나타내는 조사이다.

① 授業は 明日からです。
   (수업은 내일부터입니다.)

② 試験は 九時からです。
   (시험은 아홉 시부터입니다.)

③ 出発は 学校からです。
   (출발은 학교에서부터입니다)

※ 장소의 출발점을 나타내는 '～에서'를 「から」가 아닌 「で」를 사용해서
   는 안 된다.

- 집에서 학교는 멉니다.
   家から 学校は 遠いです。　　　　　(○)
   家で 学校は 遠いです。　　　　　　(?)
- 여기에서는 한 시간 거리입니다
   ここからは 一時間の 距離です。　　(○)
   ここでは 一時間の 距離です。　　　(?)

2 ～まで

- 의미: ～까지
- 용법:「まで」는 시간이나 장소 등의 종점이나 수나 양적인 한도, 한계 등을 나타내는 조사이다.

① 締め切りは 明日まで です。
   (마감은 내일까지입니다.)

② 参加は 十人まで 可能です。
   (참가는 열 명까지 가능합니다.)

③ 空港までは 電車の 方が 速いです。
   (공항까지는 전철 쪽이 빠릅니다.)

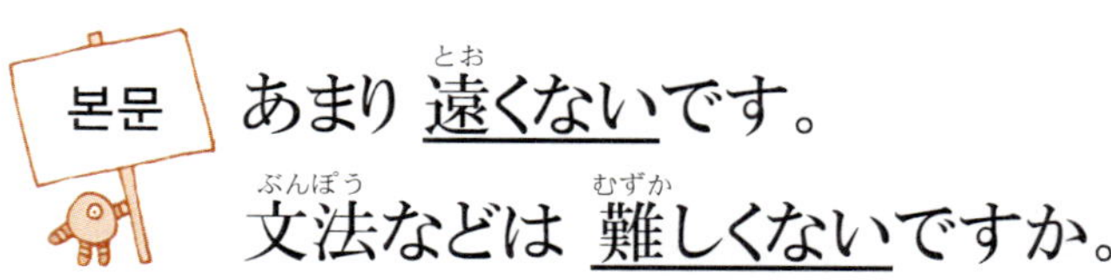

あまり 遠くないです。
文法などは 難しくないですか。

3 ～くない

- 형태: 형용사 어간＋く＋ない
- 의미: ～(하)지 않다
- 용법: 형용사의 부정형은「い」를「く」로 바꾸고 그 뒤에「ない」를 붙인다. 여기에「です」를 붙이면 정중형이 된다.

학습내용

본문대화

본문해설

표현연습

보충학습

기본형 : ～い	부정형 : ～くない	정중형 : ～くないです
たかい 높다	たかく ない 높지 않다	たかくないです 높지 않습니다
おおい 많다	おおく ない 많지 않다	おおくないです 많지 않습니다
ひろい 넓다	ひろく ない 넓지 않다	ひろくないです 넓지 않습니다

① 朝晩は あまり 暑くない。

(아침저녁은 그다지 덥지 않다.)

② 日本は 韓国より 寒くない。

(일본은 한국보다 춥지 않다.)

③ 会社の 規則は 厳しくないです。

(회사 규칙은 엄격하지 않습니다.)

④ 日本語の 勉強は 難しくないです。

(일본어 공부는 어렵지 않습니다.)

※「く」와「ない」사이에는 조사「は」나「も」를 넣을 수 있다.

■ 彼の 意見も 悪くは ないです。

(그의 의견도 나쁘지는 않습니다.)

■ この 映画は 怖くも ないです。

(이 영화는 무섭지도 않습니다.)

※「ない」는 '없다'를 의미하는 형용사인데, 조동사로 쓰여 모든 술어의 부정형을 만들 때 사용되기도 한다.

■ まだ どの 会社からも 連絡が ない。

(아직 어느 회사로부터도 연락이 없다.)

英語は難しいでしょう。

4　～でしょう

■ 의미: ①～(일/할) 것입니다, ②～(이/하)지요?

■ 용법:「でしょう」는「です」의 활용형으로 추측이나 상대에게 확인을
구할 때 사용한다.

① その日は 休みでしょう。↘
(그 날은 휴일일 것입니다. - 추측)

その日は 休みでしょう。↗
(그 날은 휴일이죠? - 확인)

② 修学旅行は 楽しいでしょう。↘
(수학여행은 즐거울 것입니다.)

修学旅行は 楽しいでしょう。↗
(수학여행은 즐겁죠?)

③ そこの 景色は きれいでしょう。↘
(그곳 경치는 아름다울 것입니다.)

そこの 景色は きれいでしょう。↗
(그곳 경치는 아름답죠?)

④ 日本の夏は 雨が 多いでしょう。↘
(일본의 여름은 비가 많을 것입니다.)

日本の夏は 雨が 多いでしょう。↗
(일본의 여름은 비가 많죠?)

文法や 会話なども

5 ～や

- 의미: ～(이)나, ～(이)랑
- 용법: 「や」는 사물을 여럿 중에 대표적인 몇몇만을 들어 열거할 때 사용한다. 필요한 대상만을 열거할 때 사용하는 「と」와 다르다. 「や」는 「など」와 함께 사용하는 경우가 많다.

① 日本や 韓国は 変化が 速いです。
(일본이나 한국은 변화가 빠릅니다.)

② 土曜日や 日曜日も 暇が ないです。
(토요일이나 일요일도 틈이 없습니다.)

③ 健康には 野菜や 果物などが いいです。
(건강에는 야채나 과일 등이 좋습니다.)

英語ほど 難しくはないですね。

6 ～ほど

- 의미: ～처럼, ～정도(로)
- 용법: 「ほど」는 개략적인 정도나 비교의 기준 등을 나타내는 조사이다.

① この 道が 二キロほど 遠いです。
(이 길이 2킬로 정도 멉니다.)

② バスは 電車ほど 速くないです。

(버스는 전철처럼 빠르지 않습니다.)

③ 彼の 足は 私の 倍ほど 速いです。

(그의 발은 나의 배 정도 빠릅니다.)

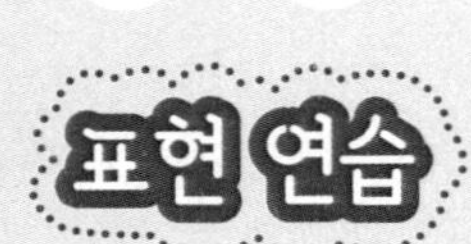

표현 연습

1. ～에서(부터), ～(으로)부터 【～から】

❶ 아침 9시부터 회의입니다.
朝 九時から 会議です。

❷ 내일부터 미국 출장입니다.
明日から アメリカ 出張です。

❸ 회사는 역에서 가깝습니다.
会社は 駅から 近いです。

2. ～까지 【～まで】

❶ 열 명까지는 문제 없습니다.
十人までは 問題 ないです。

❷ 우승까지는 아직 길이 멉니다.
優勝までは まだ 道が 遠いです。

❸ 한 시부터 두 시까지 휴식입니다.
一時から 二時まで 休みです。

3. ～하지 않다 【～くない】

❶ 태풍은 그다지 많지 않다.
台風は あまり 多くない。

❷ 맛있는 김치는 맵지 않다.
美味しい キムチは 辛くない。

❸ 시골 생활은 외롭지 않습니다.
田舎の 生活は 寂しくないです。

❹ 문법 수업도 어렵지 않습니다.
文法の 授業も 難しくないです。

4. ❶ ~(일/할) 것입니다   【~でしょう】
   ❷ ~(이/하)지요?

❶ 일요일은 안 될 것입니다.
日曜日は だめでしょう。↘

일요일은 안 되죠?
日曜日は だめでしょう。↗

❷ 한국의 겨울은 추울 것입니다.
韓国の 冬は 寒いでしょう。↘

한국의 겨울은 춥죠?
韓国の 冬は 寒いでしょう。↗

❸ 일본의 초밥은 맛있을 것입니다.
日本の 寿司は 美味しいでしょう。↘

일본의 초밥은 맛있죠?
日本の 寿司は 美味しいでしょう。↗

5. ~(이)나, ~(이)랑 【~や】

❶ 술이나 담배는 건강에 나쁩니다.
　酒や タバコは 健康に 悪いです。

❷ 일본어나 중국어는 인기가 많습니다.
　日本語や 中国語は 人気が 多いです。

❸ 한국의 영화나 드라마는 재미있습니다.
　韓国の 映画や ドラマは おもしろいです。

6. ~처럼, ~정도(로) 【~ほど】

❶ 산은 후지산처럼 높지 않습니다.
　山は 富士山ほど 高くないです。

❷ 물가는 시골처럼 싸지 않습니다.
　物価は 田舎ほど 安くないです。

❸ 동경의 겨울은 서울처럼 춥지 않습니다.
　東京の 冬は ソウルほど 寒くないです。

1 발음

    외국어 발음은 대개 글자 하나하나의 발음과 단어 상에서의 발음만을 익히게 된다. 하지만 실제 발음이란 문 속에서의 발음이다. 문 속에서의 발음이란 입에서 발해지는 전체 발음을 말하는 것으로, 읽기 시작하여 끊어지는 곳까지를 하나의 단위로 생각하여, 그 단위를 발음 규칙이나 원어민의 습관에 맞추어 발음해야 한다. 즉 한 단어의 발음은 그 자체로 굳어지는 것이 아니라, 그 단어에 이어지는 음의 영향을 받는 것이다. 따라서 여러 단어를 한꺼번에 읽어야 하는 경우에는 그 전체를 한 단위로 생각하여 발음한다.

日本＋人＋조사	발음	변환
にほん	니홍-	일본
にほんじん	니혼-징-	일본인
にほんじんと	니혼-진-또	일본인과
にほんじんも	니혼-짐-모	일본인도
にほんじんや	니혼-징-야	일본인이나

① 日本の 夏は 暑いです。
   (일본의 여름은 덥습니다.)

② 日本も 冬は 寒いです。
   (일본도 겨울은 춥습니다.)

학습내용

본문대화

본문해설

표현연습

보충학습

2 수(한자어: 십/백/천/만/억/조)

	十：십 (じゅう)	百：백 (ひゃく)	千：천 (せん)	万：만 (まん)	億：억 (おく)	兆：조 (ちょう)
一	じゅう	ひゃく	せん	いちまん	いちおく	いっちょう
二	にじゅう	にひゃく	にせん	にまん	におく	にちょう
三	さんじゅう	さんびゃく	さんぜん	さんまん	さんおく	さんちょう
四	よんじゅう	よんひゃく	よんせん	よんまん	よんおく	よんちょう
五	ごじゅう	ごひゃく	ごせん	ごまん	ごおく	ごちょう
六	ろくじゅう	ろっぴゃく	ろくせん	ろくまん	ろくおく	ろくちょう
七	ななじゅう	ななひゃく	ななせん	ななまん	ななおく	ななちょう
八	はちじゅう	はっぴゃく	はっせん	はちまん	はちおく	はっちょう
九	きゅうじゅう	きゅうひゃく	きゅうせん	きゅうまん	きゅうおく	きゅうちょう
十				じゅうまん	じゅうおく	じっちょう

※ 만 단위 이상일 때는 일(一)을 붙여 사용한다. 예를 들어 만 엥의 경우 「万円(まんえん)」이 아니라 「一万円(いちまんえん)」이라고 해야 한다.

① 料金(りょうきん)は 三千円(さんぜんえん)です。

　(요금은 삼천 엔입니다.)

② 人口(じんこう)は 八百万(はっぴゃくまん)です。

　(인구는 팔백만입니다.)

MEMO

 05

電車で 行きます。

 학습 내용

·～で ～(으)로	でんしゃ **電車**で 전철로
·동사 기본형	**行く** 가다
·동사+ます ～습니다	い **行きます** 갑니다
·～ぐらい／くらい ～정도	じっぷん **十分**ぐらい 십 분 정도
·～と ～(라)고	かかる**と** 걸린다고
·～に ～에, ～에게	じゅぎょう **授業**に 수업에
·～を ～을/를	かいわ **会話**を 회화를

★ 일본에서－上野

田中： きょうは 上野ですね。

ハン： 上野までは 電車ですか。

田中： はい、電車で 行きます。

ハン： 何線で 行きますか。

田中： 山の手線で 行きます。

ハン： 上野までは 遠いですか。

田中： ここから 四つ目の 駅ですから、遠くないです。
十分ぐらい かかると 思います。

새 단어		
・うえの(上野)：우에노(지명)	・よっつ(四つ)：네 개
・きょう(今日)：오늘	・～め(目)：～째
・でんしゃ(電車)：전철	・じっぷん(十分)：십 분(＝じゅっぷん)
・いく(行く)：가다	・～ぐらい：～정도(＝くらい)
・なにせん(何線)：무슨 선(전철 노선)	・かかる：걸리다
・やまのてせん(山の手線)：야마노테선	・おもう(思う)：생각하다

★ 한국에서―先生(せんせい)

德川： 授業(とくがわ)に 日本語(にほんご)も ありますか。

李 ： はい、日本語(にほんご)の 授業(じゅぎょう)も あります。

德川： 日本語(にほんご)の 先生(せんせい)は 何人(なんにん) いますか。

李 ： 三人(さんにん) います。

德川： 日本人(にほんじん)の 先生(せんせい)も いますか。

李 ： はい。一人(ひとり) います。

日本人(にほんじん)の 先生(せんせい)は 主(おも)に 会話(かいわ)を 教(おし)えます。

새 단어	
・じゅぎょう(授業) : 수업	・いる(居る) : 있다(사람, 동물)
・ある : 있다(사물, 무생물)	・さんにん(三人) : 세 명
・おもに(主に) : 주로	・にほんじん(日本人) : 일본인
・せんせい(先生) : 선생님	・ひとり(一人) : 한 명
・なんにん(何人) : 몇 명	

はい、電車で 行きます。

十分ぐらい かかると 思います。

授業に 日本語も ありますか。

日本人の 先生は 主に 会話を 教えます。

1 동사

■ 형태

동사의 기본형은 어미가 「う・く・ぐ・す・つ・ぬ・ぶ・む・る」의 う단으로 되어 있다.

■ 종류

동사는 활용에 따라 규칙 활용을 하는 5단 동사와 1단 동사, 불규칙 활용을 하는 「くる」와 「する」가 있다.

5단 동사는 어미가 5단에 걸쳐 활용하고 1단 동사는 어미를 떼고 어간 1단에 머무른 채 활용한다. 변격 동사 「くる」와 「する」는 어간과 어미가 모두 활용한다.

동사 활용에서 어미가 변화하지 않는 1단 동사와 달리, 어미가 5단에 걸쳐 변화하는 5단 동사에는 주의가 필요하다.

동사의 종류		형태	예	
규칙 동사	5단 동사	～う	あう・いう	
		～く	いく・かく	
		～ぐ	かぐ・つぐ	
		～す	おす・だす	
		～つ	まつ・もつ	
		～ぬ	しぬ	하나뿐
		～ぶ	とぶ・よぶ	
		～む	のむ・よむ	
		～る	ある・のる	
	상1단 동사	～い段る	いる・みる	
	하1단 동사	～え段る	でる・ねる	
불규칙 동사	か행 변격 동사	くる	くる	하나뿐
	さ행 변격 동사	する	する	(漢字語)する

※ 종지형 (～る)

■ 형태 : ～う단 (＝기본형)

■ 의미 : ～(한)다, ～(하)겠다

■ 용법: 일본어의 동사는 원형(기본형)이 보통체의 종지형으로 사용되며, 9개의 어미를 대표하여 る형으로 제시하는 것이 일반적이다. 기본형인 る형은 '～하다'와 대응하지만, 종지형인 る형은 '～한다'와 대응한다. る형은 〈① 미래의 동작 ② 화자의 의지 ③ 현재의 상태 ④ 일반적 사실〉을 나타내며, 「ます」가 붙으면 같은 의미의 정중형이 된다.

■ ～ます형

동사의 종류	기본형	기본형	ます형
5단 동사	かう (사다)	かう (산다/사겠다)	かい ます (삽니다/사겠습니다)
	かく (쓰다)	かく (쓴다/쓰겠다)	かき ます (씁니다/쓰겠습니다)
	つぐ (잇다)	つぐ (잇는다/잇겠다)	つぎ ます (잇습니다/잇겠습니다)
	だす (내다)	だす (낸다/내겠다)	だし ます (냅니다/내겠습니다)
	かつ (이기다)	かつ (이긴다/이기겠다)	かち ます (이깁니다/ 이기겠습니다)
	しぬ (죽다)	しぬ (죽는다/죽겠다)	しに ます (죽습니다/죽겠습니다)
	よぶ (부르다)	よぶ (부른다/부르겠다)	よび ます (부릅니다/ 부르겠습니다)
	のむ (마시다)	のむ (마신다/마시겠다)	のみ ます (마십니다/ 마시겠습니다)
	わる (나누다)	わる (나눈다/ 나누겠다)	わり ます (나눕니다/ 나누겠습니다)
상1단 동사	みる (보다)	みる (본다/보겠다)	み ます (봅니다/보겠습니다)
하1단 동사	ねる (자다)	ねる (잔다/자겠다)	ね ます (잡니다/자겠습니다)
カ행 변격 동사	くる (오다)	くる (온다/오겠다)	き ます (옵니다/오겠습니다)
サ행 변격 동사	する (하다)	する (한다/하겠다)	し ます (합니다/하겠습니다)

〈미래의 동작〉

① 彼女は 明日 行く。

(그녀는 내일 간다.)

彼女は 明日 行きます。

(그녀는 내일 갑니다.)

② 授業は 来週 始まる。

(수업은 다음 주 시작된다.)

授業は 来週 始まります。

(수업은 다음 주 시작됩니다.)

〈화자의 의지〉

① また 電話する。

(또 전화하겠다.)

また 電話します。

(또 전화하겠습니다.)

② 私は 少し 待つ。

(나는 조금 기다리겠다.)

私は 少し 待ちます。

(나는 조금 기다리겠습니다.)

〈현재의 상태〉

① 友達が 少し いる。

(친구가 조금 있다.)

友達が 少し います。

(친구가 조금 있습니다.)

② 部屋は 三つ ある。
(방은 세 개 있다.)

部屋は 三つ あります。
(방은 세 개 있습니다.)

〈일반적 사실〉

① 人は みんな 死ぬ。
(사람은 모두 죽는다.)

人は みんな 死にます。
(사람은 모두 죽습니다.)

② 夏は 気温が 上がる。
(여름엔 기온이 올라간다.)

夏は 気温が 上がります。
(여름엔 기온이 올라갑니다.)

はい、電車で 行きます。

何線で 行きますか。

山の手線で 行きます。

2 ～で

- 의미: ～으로
- 용법:「で」는 수단, 방법, 재료 등을 나타내는 조사이다.

① 手は 石鹸で 洗います。

　(손은 비누로 씻습니다.)

② 会社は 電車で 行きます。

　(회사는 전철로 갑니다.)

③ 新しい 方法で 治療します。

　(새로운 방법으로 치료합니다.)

十分ぐらい かかると 思います。

3 ～ぐらい

- 의미: ～정도(로)
- 용법:「ぐらい」는「ほど」처럼 접속한 명사의 수량이나 정도가 그만큼 가량임을 나타낼 때 사용한다. 연체사「この, その, あの, どの」에 는「くらい」를 많이 사용한다.

① 夜 十二時ぐらいに 寝ます。
(밤 12시 정도에 잡니다.)

② 毎日 一時間ぐらい 運動します。
(매일 1시간 정도 운동합니다.)

③ 彼女も ビールぐらいは 飲みます。
(그녀도 맥주 정도는 마십니다.)

十分ぐらい かかると 思います。

4 〜と

- 의미: 〜(이라)고
- 용법:「と」는 인용을 나타내는 조사로, 주로「思う·言う·聞く」등의 동사와 함께 사용된다.

① これを 韓国の キムチと 言います。
(이것을 한국의 김치라고 합니다.)

② 先生の 意見は 正しいと 思います。
(선생님의 의견은 옳다고 생각합니다.)

③ 日本では アメリカを 米国と 書きます。
(일본에서는 미국을 米国이라고 씁니다.)

授業<u>に</u> 日本語も ありますか。

5 ～に

- 의미: ～에, ～에게
- 용법: 「に」는 시간, 장소, 대상 등을 나타내는 조사이다.

〈시간〉

① 週末に 田舎に 行く。

(주말에 시골에 간다.)

② 会議は 十時に 始まる。

(회의는 10시에 시작된다.)

③ 試験は 水曜日に 終わる。

(시험은 수요일에 끝난다.)

〈장소〉

① 書類は 会社に ある。

(서류는 회사에 있다.)

② 彼女は ここに 来る。

(그녀는 여기에 온다.)

③ 幸せは 心の 中に ある。

(행복은 마음속에 있다.)

〈대상〉

① 毎日 友達に 電話する。

(매일 친구에게 전화한다.)

② 問題は　会社に　報告する。

(문제는 회사에 보고한다.)

③ レポートは　先生に　出す。

(리포트는 선생님에게 낸다.)

日本人の　先生は　主に　会話を　教えます。

6　～を

- 의미: ～을/를
- 용법:「を」는 목적격에 사용하는 조사인데, 이동하는 장소를 나타내는
  경우에도 사용한다.

① 政府は　農民を　守ります。

(정부는 농민을 지킵니다.)

② 暑いから、窓を　開けます。

(더우니 창문을 열겠습니다.)

③ 私が　彼に　電話を　かけます。

(내가 그에게 전화를 걸겠습니다.)

1. 동사 기본형　　　　　　　　【～う단】

❶ 내일 영화를 본다.
　明日 映画を 見る。

❷ 오늘은 먼저 돌아가겠다.
　今日は 先に 帰る。

❸ 집에 개와 고양이가 있다.
　家に 犬と 猫が いる。

❹ 지구는 태양을 돈다.
　地球は 太陽を 回る。

2. ～습니다　　　　　　　　　【～ます】

❶ 다음 주에는 중국에 갑니다.
　来週は 中国に 行きます。

❷ 물건은 내일 건네주겠습니다.
　品物は 明日 渡します。

❸ 공장은 해외로 옮깁니다.
　工場は 海外に 移ります。

❹ 겨울은 기온이 내려갑니다.
　冬は 気温が 下がります。

3. ～(으)로　　　　　　　　　　【～で】

❶ 쌀로 술을 만듭니다.
　　米で　酒を　造ります。

❷ 짐은 차로 옮깁니다.
　　荷物は　車で　運びます。

❸ 내용은 전자 메일로 보냅니다.
　　内容は　電子メールで　送ります。

4. ～정도　　　　　　　　　　【～ぐらい】

❶ 역까지 10분 정도 걸립니다.
　　駅まで　十分ぐらい　かかります。

❷ 매일 아침 한 시간 정도 달립니다.
　　毎朝　一時間ぐらい　走ります。

❸ 오오사까의 이름 정도는 압니다.
　　大阪の　名前ぐらいは　分かります。

5. ～(이)라고　　　　　　　　　　【～と】

❶ 일본의 문자를 카나라고 합니다.
　　日本の　文字を　仮名と　言います。

❷ 아마 그도 찬성하리라 생각합니다.
　　たぶん　彼も　賛成すると　思います。

❸ 일본에서는 그를 욘사마라고 부릅니다.
　　日本では　彼を　ヨン様と　呼びます。

6. ～에, ～에게 【～に】

❶ 수업은 9시에 시작됩니다.
　授業は 九時に 始まります。

❷ 병원은 시골에 있습니다.
　病院は 田舎に あります。

❸ 매일 밤 집에 전화합니다.
　毎晩 家に 電話します。

❹ 짐은 친구에게 맡깁니다.
　荷物は 友達に 預けます。

7. ～을/를 【～を】

❶ 추우니 창문을 닫겠습니다.
　寒いから 窓を 閉めます。

❷ 매월 집에 편지를 보냅니다.
　毎月 家に 手紙を 出します。

❸ 주로 야채와 과일을 먹습니다.
　主に 野菜と 果物を 食べます。

1 ある와 いる

■ 존재를 나타내는 '있다'를 의미하는 것으로 「ある」와 「いる」가 있는데, 「ある」는 일이나 사건, 사물 등에 사용하고 「いる」는 사람이나 동물, 물고기, 곤충 등에 사용한다.

〈ある〉

① 市役所に 用事が あります。
　(시청에 볼일이 있습니다.)

② 日曜日は 約束が あります。
　(일요일은 약속이 있습니다.)

③ 彼の 成績は 努力に あります。
　(그의 성적은 노력에 달려 있습니다.)

〈いる〉

① 子供と 犬は 外に います。
　(아이와 개는 밖에 있습니다.)

② 池に こいと ふなが います。
　(연못에 잉어와 붕어가 있습니다.)

③ 木に せみと とんぼが います。
　(나무에 매미와 잠자리가 있습니다.)

2 시간 : 시 · 분 · 초

	じ(時)	ふん/ぷん(分)	びょう(秒)
一	いちじ	いっぷん	いちびょう
二	にじ	にふん	にびょう
三	さんじ	さんぷん	さんびょう
四	よじ	よんぷん	よんびょう
五	ごじ	ごふん	ごびょう
六	ろくじ	ろっぷん	ろくびょう
七	しちじ	ななふん	ななびょう
八	はちじ	はっぷん	はちびょう
九	くじ	きゅうふん	きゅうびょう
十	じゅうじ	じっ(じゅっ)ぷん	じゅうびょう
十一	じゅういちじ		
十二	じゅうにじ		

◆ いま 何時（なんじ）ですか。

　(지금 몇 시입니까?)

－午前（ごぜん） 七時（しちじ）です。

　(오전 일곱 시입니다.)

－午後（ごご） 四時半（よじはん）です。

　(오후 네 시 반입니다.)

－九時（くじ） 十分前（じっぷんまえ）です。

　(아홉 시 십 분 전입니다.)

－ちょうど 十二時（じゅうにじ）です。

　(정각 열두 시 입니다.)

MEMO

06

まず 都庁に 行きましょう。

학습 내용

·동사+명사 〜(하)는	行くところ 가는 곳
·〜へ 〜(으)로	方へ 쪽으로
·동사+ましょう 〜합시다	行きましょう 갑시다
·동사+ました 〜했습니다	ありました 있었습니다
·형용사+く 〜하게	高く 높게
·〜で 〜에서	この辺で 이 근처에서
·〜でした 〜였습니다	先週でした 지난주였습니다

★ 일본에서-新宿(しんじゅく)

ハン： これから 行(い)く ところは どこですか。

田中(たなか)： まず 都庁(とちょう)の 方(ほう)へ 行(い)きましょう。

ハン： 都庁(とちょう)は 新宿(しんじゅく)に ありますか。

田中： はい。昔(むかし)は 東京駅(とうきょうえき)の 近(ちか)くに ありましたが。

ハン： あの 高(たか)く 見(み)える 建物(たてもの)は 何(なん)ですか。

田中： あれが 都庁(とちょう)です。

ハン： 立派(りっぱ)な 建物(たてもの)ですね。

田中： この 辺(へん)で いちばん 立派(りっぱ)な 建物(たてもの)だと 思(おも)います。

새 단어		
・しんじゅく(新宿)： 신쥬꾸(지명)	・むかし(昔)： 옛날(에)
・これから： 이제부터	・みえる(見える)： 보이다
・ところ： 곳, 장소	・たてもの(建物)： 건물
・まず： 우선	・りっぱだ(立派だ)： 훌륭하다, 멋지다
・とちょう(都庁)： 도청	・いちばん(一番)： 가장

★ 한국에서-誕生日

李 ：徳川さんの 誕生日は いつですか。

徳川：私の 誕生日は 先週でした。

李 ：そうでしたか。

徳川：はい、九月 三日が 私の 誕生日でした。

李さんの 誕生日は いつですか。

李 ：私は 三月 二十五日です。

徳川：それでは 李さんは いま いくつですか。

李 ：今年で 二十一才に なりました。

새 단어		
・たんじょうび(誕生日) : 생일	・ことし(今年) : 올해, 금년	
・いつ : 언제	・〜さい(才) : 〜세, 〜살	
・それでは : 그러면, 그럼(=では、じゃ)	・なる : 되다	
・いくつ : 몇 살, 몇 개		

これから <u>行</u>く ところは どこですか。

1 동사+명사

- 의미: ~하는, ~할
- 용법: 동사가 명사(체언)를 수식하는 형태(연체형)는 종지형과 같다.

동사 기본형	종지형	연체형
咲く : 피다 来る : 오다 吹く : 불다 飛ぶ : 날다	花が咲く。: 꽃이 피다. 船が来る。: 배가 오다. 風が吹く。: 바람이 불다. 鳥が飛ぶ。: 새가 날다.	咲く花 : 피는/필 꽃 来る船 : 오는/올 배 吹く風 : 부는/불 바람 飛ぶ鳥 : 나는/날 새

① ニュースに 出る 場合も あります。
(뉴스에 나오는 경우도 있습니다.)

② 田舎に 帰る 人も 少なくないです。
(시골로 돌아가는 사람도 적지 않습니다.)

③ これからも 働く 女性は 増えます。
(앞으로도 일하는 여성은 증가합니다.)

④ 遅くまで 残業する 社員が 多いです。
(늦게까지 야근하는 사원이 많습니다.)

まず 都庁の 方へ 行きましょう。

2　～へ

- 의미: ～(으)로, ～에
- 용법:「へ」는 방향을 나타내는 조사로, 조사「へ」는「え」로 읽는다.

① 夕方 そちらへ 向います。

   (저녁에 그쪽으로 가겠습니다.)

② 一人で 奥の 方へ 入りました。

   (혼자서 안쪽으로 들어갔습니다.)

③ 休みの 時は 田舎へ 帰ります。

   (휴가 때는 고향으로 돌아갑니다.)

④ 彼女は 上の 方へ 上がりました。

   (그녀는 위쪽으로 올라갔습니다.)

3　～ましょう

- 의미: ～합시다
- 용법:「ましょう」는 권유를 나타내는 표현으로, 드물지만 화자의 의지를 나타내기도 한다. 의문형인「ましょうか」는 제안이나 의향을 묻는 경우에 사용한다.

① コーヒーは 後で 飲みましょう。

   (커피는 나중에 마십시다.)

② 朝は なるべく 早く 起きましょう。

   (아침은 되도록 일찍 일어납시다.)

③ もう 時間ですから 帰りましょうか。

   (벌써 시간이 되었으니 돌아갈까요?)

④ パーティーには 彼も 呼びましょうか。

   (파티에는 그도 부를까요?)

東京駅の 近くに ありましたが。

4　〜ました

- 의미: 〜했습니다
- 용법:「ました」는「ます」의 과거형이다.

① 家賃は また 上がりました。
(집세는 또 올랐습니다.)

② 彼女は 今日 旅行に 出ました。
(그녀는 오늘 여행을 떠났습니다.)

③ コンサートは 昨日 終わりました。
(콘서트는 어제 끝났습니다.)

④ プレゼントは 彼女に 送りました。
(선물은 그녀에게 보냈습니다.)

あの 高く 見える 建物は 何ですか。

5　형용사+く

- 의미: 〜하게
- 용법: 형용사의 어간에 붙는 '형용사+く형'은 동사를 부사적으로 수식
  하는 데 사용한다.

① 画面が 明るく 見えます。
(화면이 밝게 보입니다.)

② 空の 色が 黒く 変ります。

(하늘의 색깔이 검게 변합니다.)

③ 夏は 雨が 激しく 降ります。

(여름은 비가 심하게 내립니다.)

④ 友だちとは 親しく 付き合いましょう。

(친구와는 친하게 사귑시다.)

この 辺で いちばん 立派な 建物だと 思います。

6 ～で

- 의미: ～에서
- 용법:「で」는 행위가 이루어지는 장소를 나타내는 조사이다.

① 彼女は 本屋で 会いました。

(그녀는 서점에서 만났습니다.)

② 明日 学校で 会議が あります。

(내일 학교에서 회의가 있습니다.)

③ 彼は 社内で 人気が 高いです。

(그는 사내에서 인기가 높습니다.)

④ これが 日本で 一番 古いです。

(이것이 일본에서 가장 오래됐습니다.)

私の 誕生日は 先週でした。

7 ～でした

- 의미: ～이었습니다, ～했습니다
- 용법:「でした」는「です」의 과거형으로 명사나 형용동사에 붙어 사용 된다.

① その 時は まだ 学生でした。

(그때는 아직 학생이었습니다.)

② 去年までは ここも 海でした。

(작년까지는 여기도 바다였습니다.)

③ この 辺も 昔は とても 静かでした。

(이 주변도 옛날에는 매우 조용했습니다.)

④ 彼女の 性格は かなり 朗らかでした。

(그녀의 성격은 상당히 명랑했습니다.)

※ 형용사에 です를 붙여 정중형을 만들지만, です의 과거형인 でした 는 형용사에 사용하지 않는다.

タクシーは 遅い。

→ タクシーは 遅いです。　　(○)　(택시는 늦습니다.)

→ タクシーは 遅いでした。　(×)

1. 동사+명사/～(하)는, ～할　　　【～る+명사】

❶ 아침을 먹는 날도 있습니다.

朝ご飯を 食べる 日も あります。

❷ 시골의 변화에 놀라는 사람도 있습니다.

田舎の 変化に 驚く 人も います。

❸ 텔레비전을 보는 것은 주로 주말입니다.

テレビを 見る のは 主に 週末です。

❹ 마을을 찾는 관광객이 적지 않습니다.

町を 訪ねる 観光客が 少なくないです。

2. ～으로, ～에　　　　　　　【～へ】

❶ 월요일에 이쪽으로 옵니다.

月曜日に こちらへ 来ます。

❷ 현장으로는 언제 출발합니까?

現場へは いつ 出発しますか。

❸ 내일은 정상 쪽으로 오릅니다.

明日は 頂上の 方へ 登ります。

❹ 수학여행은 해외 쪽으로 갑니다.

修学旅行は 海外の 方へ 行きます。

3. ～합시다　　　　　　　　　　　　　【동사+ましょう】

❶ 늦으니 전철로 갑시다.

遅いから　電車で　行きましょう。

❷ 내일 함께 영화를 봅시다.

明日　いっしょに　映画を　見ましょう。

❸ 점심은 라면을 먹읍시다.

昼ご飯は　ラーメンを　食べましょう。

❹ 모두 그녀의 이사를 도웁시다.

みんな　彼女の　引っ越しを　手伝いましょう。

4. ～했습니다　　　　　　　　　　　　【동사+ました】

❶ 벌써 장마가 시작됐습니다.

もう　梅雨が　始まりました。

❷ 올해는 급여가 내려갔습니다.

今年は　給料が　下がりました。

❸ 정원에 장미꽃이 피었습니다.

庭に　バラの　花が　咲きました。

❹ 개발로 마을의 인구가 늘었습니다.

開発で　町の　人口が　増えました。

5. ～하게　　　　　　　　　　　　　　【형용사+く】

❶ 보통은 밤에 늦게 잡니다.

普段は　夜　遅く　寝ます。

❷ 여름은 비가 길게 계속됩니다.

夏は　雨が　長く　続きます。

❸ 비행기는 하늘을 높이 납니다.

飛行機（ひこうき）は 空（そら）を 高（たか）く 飛（と）びます。

❹ 어린이는 여기에서 즐겁게 놉니다.

子供（こども）は ここで 楽（たの）しく 遊（あそ）びます。

6. ～에서　　　　　　　　　　　【～で】

❶ 방에서 음악을 듣습니다.

部屋（へや）で 音楽（おんがく）を 聞（き）きます。

❷ 자료는 도서관에서 조사합니다.

資料（しりょう）は 図書館（としょかん）で 調（しら）べます。

❸ 가끔 편의점에서 아르바이트를 합니다.

たまに コンビニで バイトを します。

❹ 이것이 가게에서 가장 쌉니다.

これが 店（みせ）で 一番（いちばん） 安（やす）いです。

7. ～였습니다, ～했습니다　　　　【～でした】

❶ 옛날에 여기는 섬이었습니다.

昔（むかし） ここは 島（しま）でした。

❷ 이전에는 그도 부자였습니다.

以前（いぜん）は 彼（かれ）も 金持（かねも）ちでした。

❸ 농촌은 꽤 풍요로웠습니다.

農村（のうそん）は かなり 豊（ゆた）かでした。

❹ 당시는 모두 가난했습니다.

当時（とうじ）は みんな 貧乏（びんぼう）でした。

1 なる

■ '되다'를 의미하는 「なる」는 대상에 조사 '이/가'를 사용하는 한국어와 달리 「に」를 사용한다.

① 明日から 冬休みに なります。
　(내일부터 겨울방학이 됩니다.)

② 彼は 立派な 大人に なりました。
　(그는 훌륭한 어른이 되었습니다.)

③ 二人は いい 友達に なるでしょう。
　(둘은 좋은 친구가 될 것입니다.)

2 일(日) (날짜와 기간)

1日	ついたち	초하루/1일
2日	ふつか	이틀/2일
3日	みっか	사흘/3일
4日	よっか	나흘/4일
5日	いつか	닷새/5일
6日	むいか	엿새/6일
7日	なのか	이레/7일
8日	ようか	여드레/8일
9日	ここのか	아흐레/9일
10日	とおか	열흘/10일

11日	じゅういちにち	21日	にじゅういちにち
12日	じゅうににち	22日	にじゅうににち
13日	じゅうさんにち	23日	にじゅうさんにち
14日	じゅう**よっか**	24日	にじゅう**よっか**
15日	じゅうごにち	25日	にじゅうごにち
16日	じゅうろくにち	26日	にじゅうろくにち
17日	じゅうしちにち	27日	にじゅうしちにち
18日	じゅうはちにち	28日	にじゅうはちにち
19日	じゅうくにち	29日	にじゅうくにち
20日	**はつか**	30日	さんじゅうにち
		31日	さんじゅういちにち

① 彼の　誕生日は　何日ですか。

（그의 생일은 며칠입니까?）

② 約束は　来月の　一日です。

（약속은 다음달 1일입니다.）

③ 今月の　二十四日が　休みです。

（이번 달 24일이 휴일입니다.）

※ 기간을 나타내는 경우에도 고유어를 사용하는데, '하루'는「ついたち」
　가 아닌「一日」를 사용한다.

　　完成には　一日ぐらい　かかります。　（완성에는 하루 정도 걸립니다.）

※ 이삼일은「二三日」, 삼사일은「三四日」, 사오일은「四五日」로　읽는다.

月	~월 : ~がつ	~ヶ月	~개월/달 : ~かげつ
1月	いちがつ	1ヶ月	いっかげつ
2月	にがつ	2ヶ月	にかげつ
3月	さんがつ	3ヶ月	さんかげつ
4月	しがつ	4ヶ月	よんかげつ
5月	ごがつ	5ヶ月	ごかげつ
6月	ろくがつ	6ヶ月	ろっかげつ
7月	しちがつ	7ヶ月	ななかげつ
8月	はちがつ	8ヶ月	はっかげつ
9月	くがつ	9ヶ月	きゅうかげつ
10月	じゅうがつ	10ヶ月	じっかげつ
11月	じゅういちがつ	11ヶ月	じゅういっかげつ
12月	じゅうにがつ	12ヶ月	じゅうにかげつ

① a．出発は いつですか。
　　(출발은 언제입니까?)

　 b．出発は 四月 二十日です。
　　(출발은 4월 20일입니다.)

② 一ヶ月の 給料は いくらですか。
　(한 달 월급은 얼마입니까?)

※「いっかげつ, にかげつ」대신「一月, 二月」를 사용할 수도 있고,「じっかげつ」대신「じゅっかげつ」를 사용하는 경우가 많다.

07

電車にしか 乗りませんね。

학습 내용

·동사+ません ① ～하지 않습니다 ② ～하지 않겠습니다	乗りません _の ① 타지 않습니다 ② 타지 않겠습니다
·～しか ……부정형 ～밖에 ……(하)지 않다	電車にしか 乗りません 전철밖에 타지 않습니다
·～の(연체수식절 내) ～이/가	電車の ない ところ 전철이 없는 곳
·형용동사+で ～하고, ～해서	安全で 안전하고, 안전해서
·～ではありません ～이(가)/은(는) 아닙니다	そうではありません 그렇지 않습니다
·～よ 종조사(단정, 주장)	きれいですよ 예쁩니다
·형용동사+に ～하게	きれいに 예쁘게
·형용동사+ではない ～(하)지 않다	嫌いではない 싫지 않다

★ 일본에서-交通手段

ハン：東京では ほとんど 電車にしか 乗りませんね。

田中：東京では 電車が いちばん 便利だからだと
　　　思います。

ハン：バスには 乗りませんか。

田中：電車の ない ところは バスを 利用しますが、
　　　市内に そういう ところは あまり ありませんね。

ハン：タクシーは どうですか。

田中：タクシーは 高いですから、ほとんど 乗り
　　　ませんね。
　　　東京は 渋滞も ひどいですし。

ハン：やはり 電車が いちばん 安全で 速いですね。

새 단어

・ほとんど：거의, 대부분	・タクシー：택시
・のる(乗る)：타다, 탑승하다	・たかい(高い)：비싸다
・べんりだ(便利だ)：편리하다	・じゅうたい(渋滞)：교통 체증
・バス：버스	・ひどい：심하다
・ない：없다	・やはり：역시, 과연
・りよう(利用)する：이용하다	・あんぜんだ(安全だ)：안전하다
・そういう：그런	・はやい(速い)：빠르다

★ 한국에서—伝統衣装(でんとういしょう)

徳川：韓国(かんこく)の チマ・チョゴリは きれいですね。

李　：そうですか。よく わかりませんが。

徳川：いいえ、そうではありません。

　　　韓国(かんこく)の チマ・チョゴリは とても きれい
　　　ですよ。

李　：私(わたし)には 日本(にほん)の 着物(きもの)の 方(ほう)が きれいに 見(み)
　　　えますが。

徳川：着物(きもの)も 嫌(きら)いではないですが、私(わたし)は チマ・チョ
　　　ゴリの 方(ほう)が 好(す)きです。

　　　しかし、チマ・チョゴリを 着(き)る 人(ひと)は 少(すく)ない
　　　ですね。

李　：普段(ふだん)は あまり 着(き)ませんね。

　　　着物(きもの)の 方(ほう)は どうですか。

徳川：やはり 着物(きもの)も 同(おな)じで、普段(ふだん)は あまり 着(き)ま
　　　せん。

새 단어	
・でんとういしょう(伝統衣装)：전통 의상	・すきだ(好きだ)：좋다, 좋아하다
・チマ・チョゴリ：한복(치마 저고리)	・しかし：그러나, 하지만
・よく：잘, 자주	・きる(着る)：입다
・わかる(分かる)：알다, 이해하다	・ひと(人)：사람
・きもの(着物)：입을 것, 옷, 기모노(일본 전통 의상)	・すくない(少ない)：적다
・みえる(見える)：보이다	・ふだん(普段)：보통, 평상시
・きらいだ(嫌いだ)：싫다, 싫어하다	

본문

<ruby>東京<rt>とうきょう</rt></ruby>では ほとんど <ruby>電車<rt>でんしゃ</rt></ruby>にしか <ruby>乗<rt>の</rt></ruby>りませんね。

1 ～ません

- 의미: ① ～하지 않습니다
  ② ～하지 않겠습니다
- 용법: 「ません」은 「ます」의 부정형이다.

동사의 종류	기본형		～ません	
5단 동사	かう	(사다)	かい ません	(사지 않습니다)
	きく	(듣다)	きき ません	(듣지 않습니다)
	つぐ	(잇다)	つぎ ません	(잇지 않습니다)
	おす	(밀다)	おし ません	(밀지 않습니다)
	たつ	(서다)	たち ません	(서지 않습니다)
	しぬ	(죽다)	しに ません	(죽지 않습니다)
	よぶ	(부르다)	よび ません	(부르지 않습니다)
	のむ	(마시다)	のみ ません	(마시지 않습니다)
	ふる	(내리다)	ふり ません	(내리지 않습니다)
상1단 동사	きる	(입다)	き ません	(입지 않습니다)
하1단 동사	ねる	(자다)	ね ません	(자지 않습니다)
カ행 변격 동사	くる	(오다)	き ません	(오지 않습니다)
サ행 변격 동사	する	(하다)	し ません	(하지 않습니다)

① 冬は 雨が ほとんど 降りません。

(겨울은 비가 거의 내리지 않습니다.)

② 外国語を 平仮名では 書きません。

(외국어를 히라가나로는 쓰지 않습니다.)

③ その 店には 二度と 行きません。

(그 가게에는 두 번 다시 가지 않겠습니다.)

④ 私は ここで 一歩も 動きません。

(나는 여기에서 한걸음도 움직이지 않겠습니다.)

2 ~しか ……부정형

■ 의미: ~밖에 ……(하)지 않는다

■ 용법:「しか」는 뒤에 부정어를 수반하여 한정을 나타낸다.

① 成功には 努力しか ありません。

(성공에는 노력밖에 없습니다.)

② 事務室には 社長しか いません。

(사무실에는 사장밖에 없습니다.)

③ 朝は パンぐらいしか 食べません。

(아침은 빵 정도밖에 먹지 않습니다.)

④ 外国語は 日本語しか できません。

(외국어는 일본어밖에 못합니다.)

電車の ないところは バスを 利用しますが、

3 연체수식절 내의 격조사「の」

- 의미: ~이/가
- 용법: 연체수식절 내에서는 주술 관계를 나타내는 조사「が」대신「の」
  를 사용하는 경우가 많다.

① 雪の 降る 日の 運動は 危険です。
   (눈이 오는 날의 운동은 위험합니다.)

② 授業の ない 日は 家で 休みます。
   (수업이 없는 날은 집에서 쉽니다.)

③ 先生の 作る 料理は 美味しいです。
   (선생님이 만드는 요리는 맛있습니다.)

④ 花の 咲く 頃は とても きれいです。
   (꽃이 필 무렵은 매우 아름답습니다.)

やはり 電車が いちばん 安全で 速いですね。

4 형용동사＋で

- 의미: ~하고, ~하며, ~해서
- 용법: '형용동사 で형'은 열거 또는 수식의 의미로 뒷문을 연결하는 데
  사용한다.

① みんな 健康で 丈夫です。
   (모두 건강하고 튼튼합니다.)

② 仕事は 簡単で 安全です。
(일은 간단하고 안전합니다.)

③ 事態が 複雑で 心配です。
(사태가 복잡해서 걱정입니다.)

④ 趣味が 健全で 安心です。
(취미가 건전해서 안심입니다.)

본문

いいえ、そうではありません。

5 ～ではありません

- 의미: ~이(가)/은(는) 아닙니다
- 용법: 「ではありません」은 「です」의 부정형이다. 이것은 「で＋は＋あ りません」으로 구성된 형태로, 「あります」의 부정형인 「ありま せん」이 「で」의 도움으로 '아닙니다'의 뜻을 갖게 되는 것이다. 이는 「だ」의 문장체인 「である」에 조사 「は」가 삽입된 형태가 활 용하여 나타난 것인데, 「は」는 생략할 수 있다. 또한 「は」의 자리 에 조사 「も」는 사용할 수 있지만 「が」는 사용할 수 없다. 「ではあ りません」은 「じゃありません」으로 줄여 쓸 수 있다.

① 会社の 発表は 事実ではありません。
(회사의 발표는 사실이 아닙니다.)

② これは 韓国人の 作品ではありません。
(이것은 한국인의 작품이 아닙니다.)

③ 今週 の 日曜日も 休みではありません。
(이번 주 일요일도 휴일이 아닙니다.)

④ 会話の 先生は 日本人じゃありません。
(회화 선생님은 일본인이 아닙니다.)

韓国の チマ・チョゴリは とても きれいですよ。

6 ～よ

■ 용법:「よ」는 문장 끝에 위치하여 그 의미를 강조할 때 사용하는 종조
사로서, 문의 내용을 단정 또는 주장하거나, 무언가 타이르는 듯
한 어조로 표현하는 경우 등에 사용한다. 따라서 정중한 표현에
는 그다지 사용하지 않는다.

① タバコは 体に 悪いですよ。
(담배는 몸에 나쁩니다.)

② 韓国の ドラマは みんな 好きですよ。
(한국의 드라마는 모두 좋아합니다.)

③ あなたの 訪問は いつも 歓迎ですよ。
(당신의 방문은 언제나 환영입니다.)

④ 彼女も ビールぐらいは 飲みますよ。
(그녀도 맥주 정도는 마십니다.)

본문

私には 日本の 着物の 方が きれいに
見えますが。

7 형용동사+に

■ 의미: ～하게

■ 용법: '형용동사+に형'은 '형용사+く형'과 마찬가지로 뒤의 동사를 부사
적으로 수식하는 데 사용한다.

① 仕事は 順調に 進みました。
(일은 순조롭게 진행됐습니다.)

② 彼女は まじめに 働きました。
(그녀는 성실하게 일했습니다.)

③ チームは 立派に 育ちました。
(팀은 훌륭하게 성장했습니다.)

④ 部屋を きれいに 掃除しました。
(방을 깨끗하게 청소했습니다.)

본문

着物も 嫌いではないですが、

8 형용동사+ではない

■ 의미: ～하지 않다

■ 용법: 명사나 형용동사에 붙는 「だ」는 「ではない」로 바꾸면 부정형이
된다. 정중형에는 「ではないです」나 「ではありません」을 사용
하며, 「ではない」는 「じゃない」로 줄여 쓸 수 있다.

기본형 : ～だ	부정형 : ～ではない
けんこう<u>だ</u>　건강하다 しあわせ<u>だ</u>　행복하다 ていねい<u>だ</u>　정중하다	けんこう<u>ではない</u>　건강하지 않다 しあわせ<u>ではない</u>　행복하지 않다 ていねい<u>ではない</u>　정중하지 않다
愛<u>だ</u>　사랑이다	愛<u>ではない</u>　사랑이 아니다

① 駅の　中は　静かではない（です）。

（역 안은 조용하지 않〔습니〕다.）

② 彼の　態度は　真面目ではない（です）。

（그의 태도는 성실하지 않〔습니〕다.）

③ 機械の　使い方は　単純（では／じゃ）ないです。

（기계 사용법은 단순하지 않습니다.）

④ 事件の　内容は　明確では（ないです／ありません）。

（사건의 내용은 명확하지 않습니다.）

표현 연습

1. ❶ ～하지 않습니다　　　　【동사+ません】

　　❷ ～하지 않겠습니다

❶ 아침은 거의 먹지 않습니다.
　朝ご飯は ほとんど 食べません。

❷ 소주는 그다지 마시지 않습니다.
　焼酎は あまり 飲みません。

❸ 두 번 다시 이 신문은 보지 않겠습니다.
　二度と この 新聞は 読みません。

❹ 이 이상은 그녀를 기다리지 않겠습니다.
　これ 以上は 彼女を 待ちません。

2. ～밖에 ……(하)지 않다　　　【～しか ……부정형】

❶ 집에는 아이밖에 없습니다.
　家には 子供しか いません。

❷ 방법은 하나밖에 없습니다.
　方法は 一つしか ありません。

❸ 수리는 하루밖에 걸리지 않습니다.
　修理は 一日しか かかりません。

❹ 교실에서는 영어밖에 쓰지 않습니다.
　教室では 英語しか 使いません。

3. ～이/가　　　　　　　　　【연체수식절 내의 격조사 「の」】

❶ 수업이 많은 날은 피곤합니다.

授業の 多い 日は 疲れます。

❷ 월급이 적은 일도 괜찮습니다.

給料の 少ない 仕事も けっこうです。

❸ 위험이 따르는 여행은 안 됩니다.

危険の 伴う 旅行は だめです。

❹ 이것은 어른이 할 행동이 아닙니다.

これは 大人の やる 行動ではありません。

4. ～하고, ～해서　　　　　【형용동사＋で】

❶ 그녀는 예쁘고 상냥합니다.

彼女は 綺麗で 優しいです。

❷ 수술은 복잡하고 어렵습니다.

手術は 複雑で 難しいです。

❸ 그의 일은 위험해서 걱정입니다.

彼の 仕事は 危険で 心配です。

❹ 실패가 불안해서 매일 연습합니다.

失敗が 不安で 毎日 練習します。

5. ～이(가)/은(는) 아닙니다　　【～ではありません】

❶ 그것은 바른 정보가 아닙니다.

それは 正しい 情報ではありません。

❷ 이번 작품은 진짜가 아닙니다.

今回の 作品は 本物ではありません。

❸ 그녀의 가방은 가짜가 아닙니다.

彼女の かばんは 偽物ではありません。

❹ 박사의 이야기는 거짓이 아닙니다.

博士の 話は 嘘ではありません。

6. 종조사(단정, 주장)　　　　　　　　　　【～よ】

❶ 국민의 빈부 차는 심합니다.

国民の 貧富の 差は ひどいですよ。

❷ 인삼은 건강에 정말 좋습니다.

人参は 健康に 本当に いいですよ。

❸ 우리 집은 결코 넓지 않습니다.

私の 家は 決して 広くありませんよ。

❹ 최근의 한국 영화는 재미있습니다.

最近の 韓国の 映画は おもしろいですよ。

7. ～하게　　　　　　　　　　　　　【～に】

❶ 거리는 평화롭게 보였습니다.

街は 平和に 見えました。

❷ 부모의 말을 순순히 듣습니다.

親の 話を すなおに 聞きます。

❸ 좀 더 냉정하게 생각합시다.

もう 少し 冷静に 考えましょう。

❹ 시골에서 행복하게 삽시다.
   田舎で 幸せに 暮しましょう。

  8. ～(하)지 않다   【～ではない】

❶ 그의 태도는 성실하지 않(습니)다.
   彼の 態度は 真面目ではない (です)。

❷ 나라의 치안이 안전하지 않(습니)다.
   国の 治安が 安全ではない (です)。

❸ 농민의 생활은 풍족하지 않(습니)다.
   農民の 暮らしは 豊かではない (です)。

❹ 실패의 원인이 명확하지 않(습니)다.
   失敗の 原因が 明らかではない (です)。

1 のる

「のる」는 타는 대상에 조사「を」가 아닌「に」를 사용한다.

① 公園で 自転車に 乗りました。
(공원에서 자전거를 탔습니다.)

② 無事に 飛行機に 乗りました。
(무사히 비행기를 탔습니다.)

③ 芦ノ湖で 遊覧船に 乗りました。
(아시노호에서 유람선을 탔습니다.)

④ たまには タクシーにも 乗ります。
(가끔은 택시도 탑니다.)

2 ～が すきだ

「すきだ」는 형용동사이므로 대상에 조사「が」를 사용한다.「すきだ」를 '좋아하다'처럼 동사로 번역한다고 해서 대상에「を」를 사용해서는 안 된다. 「きらいだ(싫어하다)」도 마찬가지이다.

① 私は 焼魚が 好きです。(○)

私は 焼魚を 好きです。(×)
(나는 구운 생선을 좋아합니다.)

② 子供たちは 漫画が 好きです。
(어린이들은 만화를 좋아합니다.)

③ 私は 日本の 小説が 好きです。
(나는 일본 소설을 좋아합니다.)

④ 私は寿司が 嫌いです。(○)　　　　　(나는 초밥을 싫어합니다.)

　　私は寿司を 嫌いです。(×)

※ 大好きだ (아주 좋아하다) / 大嫌いだ (아주 싫어하다)
- 私は テニスが 大好きです。　　　　(나는 테니스를 아주 좋아합니다.)
- 私は レポートが 大嫌いです。　　　(나는 리포트를 아주 싫어합니다.)

3　연체지시어

こういう	そういう	ああいう	どういう
이런	그런	저런	어떤/무슨

① こういう 事例も 少なくありません。
(이런 사례도 적지 않습니다.)

② もはや そういう 考え方は 古いです。
(이미 그런 사고방식은 진부합니다.)

③ ああいう 番組は 青少年に 悪いです。
(저런 방송 프로그램은 청소년에게 나쁩니다.)

④ 今の 話は どういう 意味ですか。
(지금의 말은 어떤 의미입니까?)

4 ～同じだ

「同じだ(～〔와/과〕같다)」는 형용동사인데, 연체형에 「同じな」가 아닌 「同じ」를 사용한다. 「同じで」는 사용하지만, 「同じに」의 형태는 잘 사용하지 않는다.

① 二人は 高校も 大学も 同じです。

(둘은 고등학교도 대학교 같습니다.)

② 彼は 友達と 同じ ものを 買いました。

(그는 친구와 같은 것을 샀습니다.)

③ 値段も 同じで 性能も 悪くないです。

(가격도 같고 성능도 나쁘지 않습니다.)

MEMO

학습내용
본문 대화
본문 해설
표현 연습
보충 학습

08

方向を勘違いして苦労します。

학습 내용

·형용사+て ~하고, ~해서	ひろく**て** 넓**고**
·~の(형식명사) ~것	探^{さが}す**の** 찾는 것
·동사+て ~하고, ~해서	勘違^{かんちが}いし**て** 착각**해서**
·동사+ている ①~고 있다 ②~어 있다	でき**ている** 되**어 있다**
·~こと(형식명사) ~것	見^みる**こと** 보는 **것**
·~でも ~(이)라도	八時^{はちじ}**でも** 여덟 시**라도**

★ 일본에서—新宿駅

ハン： 新宿駅は広くて複雑ですね。

田中： そうです。

　　　 駅の地下街も複雑です。

ハン： 広くて方向を探すのが大変ですね。

田中： 私も方向を勘違いしてたまに苦労します。

ハン： 案内図はよくできていますね。

田中： そうですね。

　　　 しかし、あまり見ることはないですね。

・ちかがい(地下街)：지하 상가	・かんちがい(勘違い)：착각
・ふくざつだ(複雑だ)：복잡하다	・たまに：가끔
・ほうこう(方向)：방향	・くろう(苦労)：고생
・さがす(探す)：찾다	・あんないず(案内図)：안내도
・たいへんだ(大変だ)：힘들다, 큰일이다	・できる：되다, 완성하다, 할 수 있다

새 단어

★ 한국에서–時刻

徳川：李さんは何時に起きますか。

李：だいたい七時ごろに起きます。

起きて学校へ行く準備をします。

徳川：学校へは何時に行きますか。

李：八時ごろに行きます。

徳川：八時でも遅くないですか。

李：学校は二十分ぐらいの距離にあります。

ですから、だいじょうぶです。

徳川：近くていいですね。

새 단어		
・じこく (時刻) : 시각	・おそい (遅い) : 늦다
・なんじ (何時) : 몇 시	・きょり (距離) : 거리
・おきる (起きる) : 일어나다	・だいじょうぶだ (大丈夫だ) : 괜찮다
・だいたい : 대체로, 대강	・いい : 좋다
・～ごろ : ～쯤 (=ころ)	・ちかい (近い) : 가깝다
・じゅんび (準備) : 준비	

新宿駅は広くて複雑ですね。
近くていいですね。

1 형용사+て형

- 의미: ~하고, ~해서
- 용법: '형용사 어간+く+て'로 이루어진 '형용사+て형'은 뒷문을 대등(열거) 또는 수식(원인·이유)의 관계로 연결하는 데 사용한다.

〈대등의 관계〉

① 部屋は明るくてきれいです。
(방은 밝고 깨끗합니다.)

② 料理も安くておいしいです。
(요리도 싸고 맛있습니다.)

〈수식의 관계〉

① 仕事が多くて暇がありません。
(일이 많아서 틈이 없습니다.)

② 物価が高くて生活が苦しいです。
(물가가 비싸서 생활이 힘듭니다.)

본문

広くて方向を探す**の**が大変ですね。

2 ～の

- 의미: ～일, ～것
- 용법: 「の」는 용언이나 절 등의 수식을 받아 앞 문장을 명사 상당 어구로 만드는 형식명사이다. 일이나 행위, 또는 물건, 사람 등을 나타낸다.

① 仕事を探す**の**は難しいです。
(일을 찾는 **것**은 어렵습니다.)

② 夜遅く電話する**の**は失礼です。
(밤 늦게 전화하는 **것**은 실례입니다.)

③ この青い**の**は好きじゃないですか。
(이 파란 **것**은 좋아하지 않습니까?)

④ あそこにいる**の**が彼女の友だちです。
(저쪽에 있는 **것**이 그녀의 친구입니다.)

본문

私も方向を勘違いし**て**たまに苦労します。
起き**て**学校へ行く準備をします。

3 동사+て형

- 의미: ～하고, ～해서
- 용법: '동사+て형'은 동사의 연용형에 「て」가 접속한 형태로, 문을 일시 중지시켜 뒷문과의 관계를 나타내는 데 사용한다.

동사 종류	기본형	활용(동사 연용형＋て⇒音便)		
		연용형＋て	音便	의미
5단 동사	あう きく つぐ けす もつ しぬ よぶ のむ わる	あい＋て きき＋て つぎ＋て けし＋てて もち＋て しに＋てて よび＋てて のみ＋て わり＋て	あって（促音便） きいて（イ音便） ついで（イ音便） けして（音便無） もって（促音便） しんで（撥音便） よんで（撥音便） のんで（撥音便） わって（促音便）	만나고/만나 듣고/들어 잇고/이어 지우고/지워 들고/들어 죽고/죽어 부르고/불러 마시고/마셔 나누고/나누어
상1단 동사	みる	み＋て	みて	보고/보아
하1단 동사	ねる	ね＋て	ねて	자고/자
か행 동사	くる	き＋て	きて	오고/와
さ행 동사	する	し＋て	して	하고/하여

※ 음편(音便)

　용언이 활용하여 어미나 조동사 등에 접속할 때 음이 변화하는 현상을 음편(音便)이라고 하는데, 5단 동사의 연용형에「て」나「た」가 접속하는 경우에 발생하는「イ音便」,「促音便」,「撥音便」 등이 있다.

- イ音便　◎ さく(피다) - さき＋て : さいて(피고/피어)
　　　　　　　　　　　- さき＋た : さいた(피었다)
- 促音便　◎ もつ(들다) - もち＋て : もって(들고/들어)
　　　　　　　　　　　- もち＋た : もった(들었다)
- 撥音便　◎ よむ(읽다) - よみ＋て : よんで(읽고/읽어)
　　　　　　　　　　　- よみ＋た : よんだ(읽었다)

① 手を洗って果物を食べます。

(손을 씻고 과일을 먹습니다.)

② 彼は泳いで川を渡ります。

(그는 헤엄쳐 강을 건넙니다.)

③ 友だちを呼んで遊びます。

(친구를 불러서 놉니다.)

④ 朝起きて新聞を読みます。

(아침에 일어나서 신문을 읽습니다.)

※行く(가다) → 行って(가고/가서) ∥ 行った(갔다)

■ デパートに行って買い物をしました。

(백화점에 가서 쇼핑을 했습니다.)

案内図はよくできていますね。

4 동사 + ている형

■ 의미: ① ~고 있다

　　　② ~어 있다

■ 용법: '동사+ている형'은 동사의 현재를 나타내며, '~한다'가 현재를 나타내는 한국어와 달리 일본어는 구체적인 현재의 동작에 기본형(る형)은 사용할 수 없다.

＜동작 : ～고 있다＞

① 今ピアノを習っています。

（지금 피아노를 배우고 있습니다.）

② みんな返事を待っています。

（모두 대답을 기다리고 있습니다.）

③ 二人は公園を歩いています。

（둘은 공원을 걷고 있습니다.）

④ 彼は家で料理を作っています。

（그는 집에서 요리를 만들고 있습니다.）

＜상태 : ～어 있다＞

① 道に人が倒れています。

（길에 사람이 쓰러져 있습니다.）

② 台風で橋が壊れています。

（태풍으로 다리가 부서져 있습니다.）

③ 風邪で枯葉が落ちています。

（바람으로 낙엽이 떨어져 있습니다.）

④ 開発で町の姿が変っています。

（개발로 마을의 모습이 변해 있습니다.）

あまり見ることはないですね。

5　～こと

- 의미: ～일, ～것
- 용법:「こと」는 '일/것'을 나타내는 명사인데, 주로 형식명사로 사용되어 일, 사건, 행위, 동작 등을 나타낸다.

① 私は何もすることがありません。
(나는 아무것도 할 일이 없습니다.)

② 彼の話すことはうそではありません。
(그가 말하는 것은 거짓이 아닙니다.)

③ 風邪には何より休むことが大事です。
(감기에는 무엇보다 쉬는 것이 중요합니다.)

④ 私たちの役割は学校を守ることです。
(우리들의 역할은 학교를 지키는 것입니다.)

八時でも遅くないですか。

6　～でも

- 의미: ～(이)라도
- 용법:「でも」는 명사에 붙어 여럿 중에서 하나를 예로 들 때 사용하며, 대상을 완곡하게 제시하는 경우가 많다.

① 彼女の歌でも聞きましょう。
(그녀의 노래라도 들읍시다.)

② 行ってビデオでも借りて来ます。

(가서 비디오라도 빌려 오겠습니다.)

③ 部屋でコーヒーでも飲みませんか。

(방에서 커피라도 마시지 않겠습니까?)

④ 彼でも呼んで一緒に遊びましょう。

(그라도 불러서 함께 놉시다.)

1. ～하고, ～해서　　　　　　　【형용사+て】

❶ 그녀는 상냥하고 친절합니다.
かのじょ やさ しんせつ
彼女は優しくて親切です。

❷ 값도 비싸고 품질도 좋지 않습니다.
ね だん たか ひんしつ よ
値段も高くて品質も良くないです。

❸ 겨울은 추워서 꽃이 피지 않습니다.
ふゆ さむ はな さ
冬は寒くて花が咲きません。

❹ 길이 어두워서 밤에는 위험합니다.
みち くら よる き けん
道が暗くて夜は危険です。

2. ～것, ～일　　　　　　　【～の】

❶ 물을 마시는 것은 몸에 좋습니다.
みず の からだ
水を飲むのは体にいいです。

❷ 저 검게 보이는 것은 국산입니까?
くろ み こくさん
あの黒く見えるのは国産ですか。

❸ 담배를 피우는 것은 건강에 나쁩니다.
す けんこう わる
タバコを吸うのは健康に悪いです。

❹ 일본의 사극을 보는 것을 아주 좋아합니다.
に ほん じ だいげき み だい す
日本の時代劇を見るのが大好きです。

3. ～하고, ～해서　　　　　　　　　【동사+て】

❶ 이를 닦고 밥을 먹습니다.
歯を磨いてご飯を食べます。

❷ 학교는 전철을 타고 갑니다.
学校は電車に乗って行きます。

❸ 감기에 걸려서 일찍 잤습니다.
風邪を引いて早く寝ました。

❹ 바람이 불어서 나무가 쓰러졌습니다.
風が吹いて木が倒れました。

4. ❶ ～고 있다　　　　　　　　　【동사+ている】
　　❷ ～어 있다

❶ 친구와 술을 마시고 있습니다.
友達と酒を飲んでいます。

❷ 방에서 야구를 보고 있습니다.
部屋で野球を見ています。

❸ 벽에 모자가 걸려 있습니다.
壁に帽子がかかっています。

❹ 둘은 벤치에 앉아 있습니다.
二人はベンチに座っています。

5. ~일, ~것 【~こと】

❶ 그가 하는 일은 전부 성공입니다.

彼のすることは全部成功です。

❷ 이것은 국민을 속이는 일입니다.

これは国民をだますことです。

❸ 잘 먹고 쉬는 것이 중요합니다.

良く食べて休むことが大事です。

❹ 내년에 월급을 올릴 것을 약속합니다.

来年 給 料をあげることを約束します。

6. ~(이)라도 【~でも】

❶ 오랜만에 라면이라도 먹을까요?

久しぶりにラーメンでも食べましょうか。

❷ 저는 일요일이라도 상관없습니다.

私 は日曜日でもかまいません。

❸ 이삼일 여행이라도 다녀오겠습니다.

二三日旅行でも行って来ます。

❹ 도서관에서 책이라도 읽고 있겠습니다.

図書館で本でも読んでいます。

1 そうですね

「そうですね」는 '그렇군요', '그렇지요', '그렇습니다', '음, 글쎄요.' 등의 의미를 나타내는 말로, 대화 중에 상대방의 말에 동의하거나, 즉답을 하기 어려워 잠시 생각할 때 사용한다. 상대방의 말에 그저 '예'하며 끄덕이듯 답하는 경우에도 사용한다.

① a : 歌がうまいですね。
(노래를 잘하는군요.)

b : そうですね。
(그렇네요…….)

② a : 映画は面白いですか。
(영화는 재미있습니까?)

b : そうですね。
(글쎄요…….)

2 いいと よい

「いい」와「よい」는 같은 형용사로,「です」와 결합할 때는 주로「いい」를 사용하고, 과거나 부정의 표현에는「よい」를 사용한다.

① a : この色でいいですか。
(이 색으로 좋습니까?)

b : その色でいいです。
(그 색으로 좋습니다.)

② a ：南の方は暖かいです。
(남쪽은 따뜻합니다.)

b ：それはいいですね。
(그것은 참 좋겠네요.)

③ a ：これはどうですか。
(이것은 어떻습니까?)

b ：冷たいものはよくないです。
(차가운 것은 좋지 않습니다.)

※ よく

「よく」는 '잘, 자주'와 같이 상태가 좋거나 빈도가 많음을 나타낼 때 사용한다.

① 彼は何でもよく食べます。
(그는 무엇이든 잘 먹습니다.)

② 小さい字もよく見えます。
(작은 글자도 잘 보입니다.)

③ それはよくある話ですね。
(그것은 흔히 있는 이야기죠.)

④ 彼はよく会社を休みます。
(그는 자주 회사를 쉽니다.)

MEMO

09

今日は買い物をしたいです。

・お/ご〜 (경어 접두어)	ご予定・お土産 （よてい）（みやげ） 예정　　선물
・〜たい 〜고 싶다	したい 하고 싶다
・〜か 〜(인)가	何か （なに） 무언가
・〜もの(형식명사) 〜것	必要なもの （ひつよう） 필요한 것
・〜てみる 〜해 보다	行ってみる （い） 가 보다

★ 일본에서-買い物

田中：今日のご予定は？

ハン：今日は買い物をしたいです。

田中：何か必要なものでもありますか。

ハン：家族や友達にあげるお土産を買いたいです。

田中：そうですか。

　　　それじゃ、今日はデパートに行きましょうか。

ハン：コンピューターなどを売っているところも

　　　行ってみたいですが。

田中：それは秋葉原ですね。

ハン：デパートはどの辺に多いですか。

田中：銀座や新宿などに多いですが、銀座が

　　　秋葉原に近いから銀座にしましょう。

새 단어	
・かいもの(買い物)：쇼핑, 물건사기	・かう(買う)：사다
・よてい(予定)：예정	・デパート：백화점
・ひつようだ(必要だ)：필요하다	・コンピューター：컴퓨터
・かぞく(家族)：가족	・うる(売る)：팔다
・あげる：주다	・あきはばら(秋葉原)：아끼하바라(지명)
・おみやげ(お土産)：선물	

★ 한국에서-大学生（だいがくせい）

徳川（とくがわ）：李さんは日本（にほん）の何（なに）に興味（きょうみ）を持（も）っていますか。

李：私（わたし）と同（おな）じ日本（にほん）の大学生（だいがくせい）の生活（せいかつ）に興味（きょうみ）を持（も）っています。

徳川（とくがわ）：大学生（だいがくせい）の何（なに）が知（し）りたいですか。

李：まずは大学生活（だいがくせいかつ）が知（し）りたいです。日本（にほん）の大学生（だいがくせい）も就職（しゅうしょく）で苦労（くろう）していますか。

徳川（とくがわ）：それは韓国（かんこく）の大学生（だいがくせい）と同（おな）じだと思（おも）います。

李：やはり同（おな）じですか。どこの国（くに）も就職（しゅうしょく）は厳（きび）しいものですね。

새 단어		
・だいがくせい（大学生）：대학생		・しる（知る）：알다
・きょうみ（興味）：흥미		・しゅうしょく（就職）：취직
・もつ（持つ）：갖다		・くに（国）：나라
・せいかつ（生活）：생활		・きびしい（厳しい）：엄하다, 엄격하다

본문 今日の<u>ご</u>予定は？

家族や友達にあげる<u>お</u>土産を買いたいです。

1 お(명사)・ご(명사)

■ 용법: 명사 앞에「お」나「ご」를 붙이면 정중한 표현이 된다.

일반적으로 고유어에는「お」를, 한자어에는「ご」를 사용한다.

고유어		한자어	
お金(돈)	お体(몸)	お化粧(화장)	お大事(소중)
お米(쌀)	お酒(술)	お宅(댁)	お天気(날씨)
おしぼり(물수건)	お寿司(초밥)	お電話(전화)	お返事(대답)
お手紙(편지)	お寺(절)	お盆(추석)	お礼(사례)
お友達(친구)	お願い(부탁)		
お水(물)			

한자어		고유어
ご挨拶(인사)	ご案内(안내)	ごゆっくり(편히/천천히)
ご家族(가족)	ご苦労(고생)	ご立派(훌륭함)
ご招待(초대)	ご心配(걱정)	
ご飯(밥)	ご両親(부모)	

① 課長にちょっとお願いがあります。

(과장님께 좀 부탁이 있습니다.)

② 三月二十五日は先生のお誕生日です。

(3월 25일은 선생님의 생일입니다.)

③ 今日のお昼ご飯は何にしますか。

(오늘 점심은 무엇으로 하겠습니까?)

④ ご心配なく今日一日ごゆっくりどうぞ。

(걱정 마시고 오늘 하루 푹 쉬십시오.)

본문 今日は買い物をしたいです。
まずは大学生活が知りたいです。

2 ～たい

- 의미: ～(하)고 싶다
- 용법:「たい」는 동사 연용형에 붙어 화자의 희망을 나타낸다.

① 毎日彼女に会いたいです。

(매일 그녀를 만나고 싶습니다.)

② 早く大学生になりたいです。

(빨리 대학생이 되고 싶습니다.)

③ 今日は少し早く帰りたいです。

(오늘은 조금 일찍 돌아가고 싶습니다.)

④ 外国人の友達を作りたいです。

(외국인 친구를 만들고 싶습니다.)

何か必要なものでもありますか。

3 ～か

- 의미: ～가
- 용법:「か」는 의문사에 붙어, 그 내용이 구체적으로 알 수 없거나 정해져 있지 않음을 나타낸다.

① いつか成功する日が来るでしょう。
(언젠가 성공할 날이 오겠죠.)

② どこか安い店を知っていますか。
(어딘가 싼 가게를 알고 있습니까?)

③ 彼は何かを隠していると思います。
(그는 무언가를 숨기고 있다고 생각합니다.)

④ この辺でだれかに道を聞きましょう。
(이쯤에서 누군가에게 길을 물읍시다.)

何か必要なものでもありますか。
どこの国も就職は厳しいものですね。

4 ～もの

- 의미: ～것
- 용법:「もの」는 물건을 나타내는 명사인데, 형식명사로 많이 사용되어 구체적이며 감각적으로 파악되는 대상이나, 어떤 일 또는 대상을 막연하게 나타낸다.

① それは私が探しているものです。
（그것은 제가 찾고 있는 것입니다.）

② 何か美味しいものを食べましょう。
（무언가 맛있는 것을 먹읍시다.）

③ 優勝は簡単なものではありません。
（우승은 간단한 것이 아닙니다.）

④ 海外旅行はとても楽しいものです。
（해외여행은 아주 즐거운 것입니다.）

※「ものだ」는 '~하는 법이다'와 같이 어떤 일이 당연하거나 보편적임을 나타낼 때 사용한다.

① 人の話はよく聞くものです。
（남의 말은 잘 듣는 법입니다.）

② 室内では帽子を脱ぐものです。
（실내에서는 모자를 벗는 법입니다.）

コンピューターなどを売っているところも
行ってみたいですが。

5 ～てみる

- 의미: ～해 보다
- 용법:「てみる」는 '～해 보다'의 의미로, 무엇이 어떤지 알기 위해 실제로 행위하는 것을 나타낸다.

① 彼に 情 報を聞いてみました。
（그에게 정보를 들어 보았습니다.）

② 現場に行って確認してみました。
（현장에 가서 확인해 보았습니다.）

③ その映画はぜひ見てみたいです。
（그 영화는 꼭 보고 싶습니다.）

④ 私も話題の本を読んでみました。
（나도 화제의 책을 읽어 보았습니다.）

1. 경어 표현 　　　　　　　　【お～ / ご～】

❶ 몸조심하십시오.

お体をお大事に。

❷ 언제나 신세를 많이 지고 있습니다.

いつもお世話になっております。

❸ 사양은 필요 없습니다.

ご遠慮は要りません。

❹ 초대 감사합니다.

ご招待、ありがとうございます。

2. ～고 싶다 　　　　　　　　　　【～たい】

❶ 깨끗한 물을 마시고 싶습니다.

きれいな水を飲みたいです。

❷ 가난한 가정을 돕고 싶습니다.

貧乏な家庭を助けたいです。

❸ 좋은 학생들을 키우고 싶습니다.

いい学生を育てたいです。

❹ 기회를 다른 사람에게 양보하고 싶습니다.

機会を人に譲りたいです。

3.　～(인)가　　　　　　　　　　　【～か】

❶ 왠지 밖에 나가고 싶지 않습니다.

なぜか外へ出たくありません。

❷ 언젠가 모두 행복하게 보내겠지요.

いつかみんな幸せに暮すでしょう。

❸ 몇 명인가 배우가 되는 사람도 있습니다.

何人か俳優になる人もいます。

❹ 얼만가 싸게 팔고 있는 가게도 보입니다.

いくらか安く売っている店も見えます。

4.　～것　　　　　　　　　　　　【もの】

❶ 국민에게 필요한 것은 자유입니다.

国民に必要なものは自由です。

❷ 그것이 민주주의라고 하는 것입니다.

それが民主主義というものです。

❸ 도대체 사랑이라고 하는 것은 무엇입니까?

いったい愛というものは何でしょうか。

❹ 노인에게는 자리를 양보하는 법입니다.

お年寄りには席を譲るものです。

5. ～해 보다　　　　　　　　　【～てみる】

❶ 결과를 기다려 보고 이야기합시다.

結果を待ってみて話しましょう。

❷ 새로운 방법으로 만들어 보았습니다.

新しい方法で作ってみました。

❸ 이번에는 저도 참가해 보고 싶습니다.

今回は私も参加してみたいです。

❹ 공장에 가서 실태를 조사해 보겠습니다.

工場に行って実体を調べてみます。

1 ~にする

- 의미: ~으로 하다
- 용법:「にする」는 결정해야 할 대상에 대한 의사표시나, 대상을 어떤
  상태로 변화시킴을 나타낸다.

① a. 飲み物は何にしますか。

  (음료는 무엇으로 하겠습니까?)

  b. 私はジュースにします。

  (나는 주스로 하겠습니다.)

② 会計はカードにします。

  (계산은 카드로 하겠습니다.)

③ 飛行機は大韓航空にしたいです。

  (비행기는 대한항공으로 하고 싶습니다.)

④ 彼は娘を後継者にするつもりです。

  (그는 딸을 후계자로 삼을 생각입니다.)

⑤ 市民を敵にして勝ち目はありません。

  (시민을 적으로 해서 승산은 없습니다.)

2 '알다'의 '知る'와 '分かる'

　'알다'를 나타내는 일본어 표현으로는「知る」와「分かる」가 있는데, 같은 의미로 사용하기도 하지만, 일반적으로「知る」는 사람이나 사물을 경험 등으로 알게 되는 경우에,「分かる」는 무언가를 이해하여 알게 되는 경우에 사용한다. 또한「知る」는 타동사로 대상에「を」를 취하지만「分かる」는 자동사로 대상에「が」를 취한다.

「知る」는 긍정 표현에 「知っている」를 사용해야 하며, 「知る/知ります」는 사용하지 않는다. 하지만 부정 표현에는 「知らない/知りません」을 사용할 수 있다.

- 私 は二人を知っています。
  (나는 두 사람을 알고 있습니다.)

  私 は二人を知ります。(×)

  私 は二人を知りません。
  (나는 두 사람을 알지 못합니다.)

- 私 は二人が分かります。
  (나는 두 사람을 이해할 수 있습니다.)

  私 は二人が分かりません。
  (나는 두 사람을 이해할 수 없습니다.)

3 1단 동사 형태의 5단 동사

: 1단 동사(~iru/eru)의 형태를 취하고 있으면서 5단 활용을 하는 동사

	～る形	～ます形
상1단 형태의 5단 동사	要る (필요하다)	要ります
	切る (자르다)	切ります
	知る (알다)	知ります
	散る (지다)	散ります
	入る (들어가다)	入ります
	走る (달리다)	走ります

	〜る形	〜ます形
하1단 형태의 5단 동사	蹴る （차다）	蹴ります
	照る （비치다）	照ります
	減る （줄다）	減ります
	帰る （돌아가다）	帰ります
	滑る （미끄러지다）	滑ります
	喋る （말하다）	喋ります

〈상1단 형태의 5단 동사〉

■ お金が要ります。
(돈이 필요합니다.)

教室に入ります。
(교실에 들어갑니다.)

〈하1단 형태의 5단 동사〉

■ 人口が減ります。
(인구가 줍니다.)

田舎に帰ります。
(고향에 돌아갑니다.)

10

高速鉄道が急速に発展している
ところです。

·～ので ～이니까	せっかくですので 모처럼이니
·～ても ～해도	高たかくても 비싸도
·～という…… ～라고 하는……	KTXという高速鉄道こうそくてつどう KTX라고 하는 고속철도
·～ところだ ～중이다	発展はってんしているところだ 발전하고 있는 중이다
·～と ～와/과	韓国かんこくと比くらべて 한국과 비교하여
·동사+ない ～지 않다	変かわらない 다르지 않다/변하지 않는다

★ 일본에서-新幹線

ハン： 新幹線は高いですか。

田中： かなり高いです。

ハン： せっかくですので、高くても一度乗ってみたい
ですね。

田中： それじゃ、明日の熱海は新幹線に乗って
行きましょう。

ハン： 新幹線は速いでしょうね。

田中： 時速三百キロ前後で走りますから速いですね。
韓国の鉄道はどうですか。

ハン： 韓国も高速鉄道が急速に発展しているとこ
ろですが、KTXという高速鉄道はかなり速
いです。

田中： そうですか。

새 단어		
・しんかんせん (新幹線) ： 싱깐셍(일본의 고속철도)		・はしる (走る) ： 달리다
・せっかく ： 모처럼		・てつどう (鉄道) ： 철도
・いちど (一度) ： 한번		・こうそく (高速) ： 고속
・あたみ (熱海) ： 아따미(지명)		・きゅうそくだ (急速だ) ： 급속하다
・じそく (時速) ： 시속		・はってん (発展) ： 발전
・キロ ： 킬로		・ケーティーエックス (KTX) ： KTX(한국의 고속철도)
・ぜんご (前後) ： 전후		

학습내용

본문대화

본문해설

표현연습

보충학습

★ 한국에서 – 料理(りょうり)

李 ： 徳川(とくがわ)さん、韓国料理(かんこくりょうり)はどうですか。
お口(くちあ)に合いますか。

徳川(とくがわ)：韓国料理(かんこくりょうり)は大好(だいす)きです。

李 ： 特(とく)に何(なに)が好(す)きですか。

徳川：肉料理(にくりょうり)が好(す)きですが、特(とく)に嫌(きら)いなものは
ありません。
カルビやブルゴギなどは最高(さいこう)ですね。

李 ： キムチはどうですか。

徳川：キムチは少(すこ)し辛(から)いですが、その辛(から)い味(あじ)が
いいですね。

李 ： 日本(にほん)のお米(こめ)はおいしいと聞(き)きましたが、
韓国(かんこく)と比(くら)べてどうですか。

徳川：韓国(かんこく)とあまり変(かわ)らないと思(おも)います。
また、韓国(かんこく)の味付(あじつ)けの海苔(のり)はとてもおいしい
ですね。

새 단어		
·りょうり(料理) : 요리	·こめ(米) : 쌀
·にく(肉) : 고기	·おいしい : 맛있다
·カルビ : 갈비	·きく(聞く) : 듣다
·ブルゴギ : 불고기	·くらべる(比べる) : 비교하다
·さいこう(最高) : 최고	·かわる(変わる) : 변하다, 다르다
·キムチ : 김치	·あじつけ(味付け) : 맛 들임, 양념함
·からい(辛い) : 맵다	·のり(海苔) : 김
·あじ(味) : 맛	

本문 **せっかくですので、高くても一度乗ってみたいですね。**

1 ～ので

- 의미: ～해서, 때문에
- 용법: 「ので」는 원인이나 이유를 나타내는 접속조사인데, 「から」보다 정중한 문체에 많이 사용한다.

① 彼女も来るので少し待ちます。
(그녀도 오니까 조금 기다리겠습니다.)

② もう遅いのでこれで失礼します。
(이제 늦었으니 이만 실례하겠습니다.)

③ 後ろに山があるので涼しい方です。
(뒤에 산이 있어서 시원한 편입니다.)

④ 雪が降っているので運転は危険です。
(눈이 내리고 있어서 운전은 위험합니다.)

2 ～ても

- 의미: ～해도
- 용법: 「ても(でも)」는 용언에 붙어 역접을 나타낸다.

① 駅が遠くても関係ありません。
(역이 멀어도 관계없습니다.)

학습 내용

본문 대화

본문 해설

표현 연습

보충 학습

② 少し不便でも仕方がありません。

(조금 불편해도 어쩔 수 없습니다.)

③ 雨が降っても飛行機は飛びます。

(비가 내려도 비행기는 뜹니다.)

④ お金があっても無駄遣いはしません。

(돈이 있어도 낭비는 하지 않습니다.)

高速鉄道が急速に発展しているところですが、

3 ～ところだ

- 의미: ～하는 바(중)이다
- 용법: 「ところだ」는 형식명사로 사용되어 어떤 상황 등을 나타낸다.

① いまドラマを見ているところです。

(지금 드라마를 보고 있는 중입니다.)

② 海外に工場を作っているところです。

(해외에 공장을 짓고 있는 중입니다.)

③ 学校で中国語を習っているところです。

(학교에서 중국어를 배우고 있는 중입니다.)

④ ちょうど朝ごはんを食べているところです。

(마침 아침밥을 먹고 있는 중입니다.)

KTXという高速鉄道はかなり速いです。

4　〜という……

- 의미: 〜라고 하는……
- 용법:「という」는 앞의 명사가 뒤에 이어지는 명사의 이름이나 구체적인 내용 등을 나타낼 때 사용한다.

① これがキムチというものです。
   (이것이 김치라는 것입니다.)

② 日光という観光地があります。
   (닉꼬오라는 관광지가 있습니다.)

③ れんぎょうという花が咲きます。
   (개나리라는 꽃이 핍니다.)

④ 日本には演歌という歌があります。
   (일본에는 엥까라는 노래가 있습니다.)

韓国と比べてどうですか。

5　〜と

- 의미: 〜와/과
- 용법:「と」는 비교나 행위의 대상을 나타낼 때 사용한다.

① 彼女と同じ大学に入りたいです。
   (그녀와 같은 대학에 가고 싶습니다.)

② あのチームと優勝を争っています。
   (그 팀과 우승을 다투고 있습니다.)

③ 彼はいつも友だちと勉強しています。

(그는 언제나 친구와 공부하고 있습니다.)

④ 日本は韓国と違うところが多いです。

(일본은 한국과 다른 점이 많습니다.)

韓国とあまり変らないと思います。

6 동사의 부정형

- 형태: 동사 미연형 + ない
- 의미: ～하지 않는다 (단순 부정)

　　　～하지 않겠다 (부정 의지)
- 용법: 동사의 부정형은 5단 동사의 경우 어미 ウ단을 ア단으로 바꾸고, 1단 동사는 어미 「ル」를 떼고 「ない」를 붙인다. 「くる」는 「こない」, 「する」는 「しない」의 형태가 된다. 「う」로 끝나는 동사는 「う」가 「わ」로 바뀐다.

동사 종류	기본형		활용(동사 미연형 + ない)
5단 동사	あう	(만나다)	あわ + ない (만나지 않는다)
	かく	(쓰다)	かか + ない (쓰지 않는다)
	つぐ	(잇다)	つが + ない (잇지 않는다)
	かす	(빌리다)	かさ + ない (빌리지 않는다)
	もつ	(들다)	もた + ない (들지 않는다)
	しぬ	(죽다)	しな + ない (죽지 않는다)
	よぶ	(부르다)	よば + ない (부르지 않는다)
	のむ	(마시다)	のま + ない (마시지 않는다)
	うる	(팔다)	うら + ない (팔지 않는다)
상1단 동사	おきる	(일어나다)	おき + ない (일어나지 않는다)

동사 종류	기본형	활용(동사 미연형＋ない)
하1단 동사	たべる　(먹다)	たべ ＋ ない　(먹지 않는다)
か행 변격 동사	くる　　(오다)	こ ＋ ない　(오지 않는다)
さ행 변격 동사	する　　(하다)	し ＋ ない　(하지 않는다)

※ 단순 부정

① 薬を飲んでも頭痛が治らない。
　　(약을 먹어도 두통이 낫지 않는다.)

② いくら呼んでも彼は答えない。
　　(아무리 불러도 그는 대답하지 않는다.)

③ ぼくも知らないものは知らない。
　　(나도 모르는 것은 모른다.)

④ 今日は平日だから道は混まない。
　　(오늘은 평일이라서 길은 막히지 않는다.)

※ 부정 의지

① その団体には絶対入らない。
　　(그 단체에는 절대로 들어가지 않겠다.)

② 彼女とはもう二度と会わない。
　　(그녀와는 두 번 다시 만나지 않겠다.)

③ 何があっても彼には頼まない。
　　(무슨 일이 있어도 그에게는 부탁하지 않겠다.)

④ お金が余ってもそれには使わない。
　　(돈이 남아도 그것에는 사용하지 않겠다.)

1. ～이니까, ～해서　　　　　　　　【～ので】

❶ 바람이 강해서 나무가 쓰러졌습니다.
　風が強いので木が倒れました。

❷ 봄에는 꽃이 피기 때문에 아름답습니다.
　春は花が咲くのできれいです。

❸ 전철로 가기 때문에 30분으로 충분합니다.
　電車で行くので三十分で充分です。

❹ 모두 장수하기 때문에 노후 준비가 필요합니다.
　みんな長生きするので老後の準備が必要です。

2. ～해도　　　　　　　　　　　　【～ても】

❶ 머리가 좋아도 합격은 모릅니다.
　頭がよくても合格は分かりません。

❷ 위험해도 수술을 받아보고 싶습니다.
　危険でも手術を受けて見たいです。

❸ 시합에 져도 실망할 일은 없습니다.
　試合に負けても失望することはありません。

❹ 시험에 떨어져도 또 기회가 있습니다.
　試験に落ちてもまた機会があります。

3. ～라고 하는……　　　　　　　　【～という……】

❶ 음식은 전주라는 곳이 유명합니다.
　 食べ物は全州というところが有名です。

❷ 골프라는 운동은 매력이 있습니다.
　 ゴルフという運動は魅力があります。

❸ 무궁화라는 꽃은 한국의 국화입니다.
　 ムクゲという花は韓国の国花です。

❹ 한국이란 나라는 아주 역동적입니다.
　 韓国という国はとても力動的です。

4. ～하는 바(중)이다　　　　　　　【～ところだ】

❶ 보고서를 쓰고 있는 중입니다.
　 報告書を書いているところです。

❷ 약을 먹고 자고 있는 중입니다.
　 薬を飲んで寝ているところです。

❸ 모두 결과를 기다리고 있는 중입니다.
　 みんな結果を待っているところです。

❹ 해결할 방법을 찾고 있는 중입니다.
　 解決する方法を捜しているところです。

5. ～와/과　　　　　　　　　【～と】

❶ 지금은 옛날과 사정이 다릅니다.
今は昔と事情が違います。

❷ 서울과 비교해도 물가는 비쌉니다.
ソウルと比較しても物価は高いです。

❸ 부모님과 상의하고 결정하겠습니다.
両親と相談して決定します。

❹ 인사하는 법은 한국과 거의 같습니다.
挨拶の仕方は韓国とほぼ同じです。

6. 동사의 부정형　　　　　　【동사 미연형+ない】

(1) ～(하)지 않는다

❶ 술을 마셔도 취하지 않는다.
酒を飲んでも酔わない。

❷ 양국 관계가 어떻게 될지 모른다.
両国の関係がどうなるか分からない。

❸ 브레이크를 밟아도 멈추지 않는다.
ブレーキを踏んでも止まらない。

❹ 학교에서 예의범절을 가르치지 않는다.
学校で礼儀作法を教えない。

(2) ～(하)지 않겠다

❶ 위험하니 그 지역에는 가지 않겠다.

危険だからその地域には行かない。

❷ 거짓말을 하는 사람과는 만나지 않겠다.

うそをつく人とは会わない。

❸ 더 이상 주식에는 손을 대지 않겠다.

これ以上株には手を出さない。

❹ 규칙을 어기는 사람은 용서하지 않겠다.

規則を破る人は許さない。

1 조수사(助数詞)

수사에 붙어 사물을 셀 때 어떤 종류의 것인지를 나타내는 접미어

▶ 수사와 결합할 때 변화하는 것 :

　수사+「か·さ·た·は」행의 조수사

　– 수사 「いち·さん·ろく·はち·じゅう」와 「か·さ·た·は」행에 조수
　사가 연결될 때 변화가 나타난다.

구분	階（かい） ～층 (건물)	才（さい） ～살/세 (나이)	頭（とう） ～마리 (큰 동물)	本（ほん） ～병/자루
いち	いっかい	いっさい	いっとう	いっぽん
に	にかい	にさい	にとう	にほん
さん	さんがい	さんさい	さんとう	さんぽん
よん	よんかい	よんさい	よんとう	よんほん
ご	ごかい	ごさい	ごとう	ごほん
ろく	ろっかい	ろくさい	ろくとう	ろっぽん
なな	ななかい	ななさい	ななとう	ななほん
はち	はっかい	はっさい	はっとう	はっぽん
きゅう	きゅうかい	きゅうさい	きゅうとう	きゅうほん
じゅう	じっかい じゅっかい	じっさい じゅっさい	じっとう じゅっとう	じっぽん じゅっぽん

수사+기타 행(「か·さ·た·は」행 제외)의 조수사

구분	台 だい ~대 (자동차)	倍 ばい ~배 (수량)	枚 まい ~장 (종이)	輪 りん ~송이(꽃) ~륜(바퀴)
いち	いちだい	いちばい	いちまい	いちりん
に	にだい	にばい	にまい	にりん
さん	さんだい	さんばい	さんまい	さんりん
し/よ/よん	よんだい	よんばい	よんまい	よんりん
ご	ごだい	ごばい	ごまい	ごりん
ろく	ろくだい	ろくばい	ろくまい	ろくりん
しち/なな	ななだい	ななばい	ななまい	ななりん
はち	はちだい	はちばい	はちまい	はちりん
きゅう/く	きゅうだい	きゅうばい	きゅうまい	きゅうりん
じゅう	じゅうだい	じゅうばい	じゅうまい	じゅうりん

11

海を見ながら走る気持は
どうですか。

학습 내용

·～ながら ～(하)면서 (동시동작/역접)	見ながら 보면서
·～と ～(하)면 (가정/조건의 표현)	乗っていると 타고 있으면
·～かどうか ～지 어떤지	速いかどうか 빠른지 어떤지
·～た (동사 과거형)	聞いた 들었다
·～かった (형용사 과거형)	なかった 없었다
·～のだ(=んだ) ～것이다	あるんです 있는 것입니다
·～について ～에 관하여	何について 무엇에 관하여

★ 일본에서—熱海

田中: 海を見ながら走る気持はどうですか。

ハン: とてもいいですね。
　　　でも乗っていると速いかどうかよく分かり
　　　ませんね。

田中: もうそろそろ熱海です。

ハン: そうですか。さすがに新幹線は速いですね。

ハン: 熱海は何が有名ですか。

田中: いろいろありますが、やっぱり熱海は温泉
　　　ですね。

ハン: 桜の花もきれいに咲いていますね。

학습 내용
본문 대화
본문 해설
표현 연습
보충 학습

田中： この辺は地震も多いところです。
　　　韓国には地震がないと聞いたんですが。

ハン： さいわいに今まではほとんどなかったです。
　　　でも、これからどうなるか分かりませんね。

田中： いいですね。

새 단어		
・うみ (海)：바다		・やっぱり：역시 (＝やはり)
・みる (見る)：보다		・おんせん (温泉)：온천
・きもち (気持ち)：기분, 마음		・さくら (桜)：벚꽃 (＝桜の花)
・そろそろ：슬슬, 이제 곧		・さく (咲く)：피다
・さすが：과연, 정말이지		・じしん (地震)：지진
・ゆうめいだ (有名だ)：유명하다		・さいわい：다행히 (＝さいわいに)
・いろいろ (色々)：여러 가지		

★ 한국에서—研究

徳川： 李さんは大学に入って何を勉強したいですか。

李　： 私は天文学を勉強したいです。

徳川： それには何か理由でもあるんですか。

李　： 最近、気象 異変による自然災害が多いから、
　　　必要だと思いました。

徳川： 今年も大雨で大きな被害が出ましたね。

李：自然現象を研究するのは何よりも大事

　　ですね。

　　徳川さんは何を勉強したいですか。

徳川：私は地質学を勉強したいです。

李：地質学の何について勉強したいんですか。

徳川：日本は地震が多いから、地震について研究

　　したいと思います。

<table>
<tr><td rowspan="9">새
단
어</td><td>・けんきゅう(研究)：연구</td><td>・おおあめ(大雨)：큰 비</td></tr>
<tr><td>・だいがく(大学)：대학</td><td>・おおきな(大きな)：큰</td></tr>
<tr><td>・はいる(入る)：들어가다</td><td>・ひがい(被害)：피해</td></tr>
<tr><td>・てんもんがく(天文学)：천문학</td><td>・でる(出る)：나다, 나오다</td></tr>
<tr><td>・りゆう(理由)：이유</td><td>・げんしょう(現象)：현상</td></tr>
<tr><td>・さいきん(最近)：최근, 요즘</td><td>・だいじだ(大事だ)：중요하다</td></tr>
<tr><td>・きしょういへん(気象異変)：기상이변</td><td>・ちしつがく(地質学)：지질학</td></tr>
<tr><td>・しぜんさいがい(自然災害)：자연재해</td><td></td></tr>
</table>

海を見ながら走る気持はどうですか。

1 ～ながら

- 의미: ～하면서/이면서(도)
- 용법:「ながら」는 동사 연용형에 접속하여 동시 동작이나 역접 등을 나타낸다.「ながらも」의 형태를 취하기도 한다.

〈동시 동작〉

① お茶でも飲みながら話しましょう。

(차라도 마시면서 이야기합시다.)

② 音楽を聞きながら仕事をしています。

(음악을 들으면서 일을 하고 있습니다.)

③ 彼はアルバイトしながら勉強しました。

(그는 아르바이트하면서 공부했습니다.)

④ ただ歩きながら町の姿を見たいです。

(그냥 걸으면서 거리의 모습을 보고 싶습니다.)

〈역접/기타〉

① 子供でありながら働いています。

(어린아이면서도 일하고 있습니다.)

② 内容を知っていながら話しません。

(내용을 알고 있으면서 이야기하지 않습니다.)

③ 節約しながらも必要な時は使います。

(절약하면서도 필요한 때는 씁니다.)

④ 残念ながら試合は決勝戦で負けました。

(유감스럽게도 시합은 결승전에서 졌습니다.)

でも乗っている<u>と</u>速い<u>かどうか</u>よく分かりませんね。

2 〜と

- 의미: 〜(하/이)면, 〜(하)니, 〜(하)자
- 용법:「と」는 조건을 나타내는 형식으로, '일반 조건', '가정 조건', '확정 조건' 등의 여러 의미를 나타낸다.

<일반 조건(문말 현재형)>

① 春になると桜の花が咲きます。
(봄이 되면 벚꽃이 핍니다.)

② ここを押すと機械が動きます。
(여기를 누르면 기계가 움직입니다.)

③ 台風が発生すると大きな被害が出ます。
(태풍이 발생하면 큰 피해가 납니다.)

<가정 조건(문말 현재형)>

① 酒を飲むとすぐ酔います。
(술을 마시면 바로 취합니다.)

② 山に上ると体が強くなります。
(산에 오르면 몸이 강해집니다.)

③ ラーメンを頼むとご飯も出ます。
(라면을 부탁하면 밥도 나옵니다.)

<확정 조건(문말 과거형)>

① 駅に着くと彼が来ていた。

(역에 도착하자 그가 와 있었다.)

② 教室に入るとだれもいなかった。

(교실에 들어가자 아무도 없었다.)

③ テストをしてみると性能がよかった。

(테스트를 해 보니 성능이 좋았다.)

3 ～かどうか

- 의미: ～인지 어떤지, ～할지 어떨지

- 용법:「かどうか」는 무언가가 확실하지 않음을 나타낼 때 사용한다.

① 体にいいかどうかはっきりしません。

(몸에 좋은지 어떤지 확실하지 않습니다.)

② 試験に合格するかどうか心配です。

(시험에 합격할지 어떨지 걱정입니다.)

③ 彼が戻ってくるかどうか分かりません。

(그가 돌아올지 어떨지 모르겠습니다.)

④ 実験が成功するかどうか気になります。

(실험이 성공할지 어떨지 신경이 쓰입니다.)

韓国には地震がないと<u>聞いた</u>んですが。

4　〜た

- 의미: 〜았(었)다
- 용법: 동사의 과거형은 동사의 연용형(音便形)에 「た」를 붙여 만든다.

＜동사 과거형＞

동사 종류	기본형	활용
5단 동사	あう　(만나다) きく　(듣다) つぐ　(잇다) けす　(끄다) かつ　(이기다) しぬ　(죽다) よぶ　(부르다) のむ　(마시다) ある　(있다)	あい　＋　た　：　あった　　(만났다) きき　＋　た　：　きいた　　(들었다) つぎ　＋　た　：　ついだ　　(이었다) けし　＋　た　：　けした　　(껐다) かち　＋　た　：　かった　　(이겼다) しに　＋　た　：　しんだ　　(죽었다) よび　＋　た　：　よんだ　　(불렀다) のみ　＋　た　：　のんだ　　(마셨다) あり　＋　た　：　あった　　(있었다)
상1단 동사	いきる(살다)	いき　＋　た　：　いきた　　(살았다)
하1단 동사	たべる(먹다)	たべ　＋　た　：　たべた　　(먹었다)
か행 변격 동사	くる　(오다)	き　＋　た　：　きた　　(왔다)
さ행 변격 동사	する　(하다)	し　＋　た　：　した　　(했다)

학습내용

본문대화

본문해설

표현연습

보충학습

<5단 동사>

① 友だちの引っ越しを手伝った。
(친구의 이사를 도왔다.)

② 近いところはなるべく歩いた。
(가까운 곳은 가능한 한 걸었다.)

③ 夕食のとき軽くビールを飲んだ。
(저녁식사 때 가볍게 맥주를 마셨다.)

④ 試験の成績がだいぶ上がった。
(시험 성적이 상당히 올랐다.)

<1단 동사>

① 今朝テレビのニュースで見た。
(아침에 TV 뉴스에서 보았다.)

② 今日はいつもより早く家を出た。
(오늘은 평소보다 일찍 집을 나왔다.)

<변격 동사>

① 道が混んでいたので電車に乗ってきた。
(길이 혼잡했기 때문에 전철을 타고 왔다.)

② 日本人と付き合うために日本語を勉強した。
(일본인과 사귀기 위해 일본어를 공부했다.)

さいわいに今まではほとんどな<u>かった</u>です。

5　～かった

- 의미: ～았(었)다
- 용법:「かった」는 형용사 어간에 접속하여 과거를 나타낸다.
　　　정중한 형태로는「かったです」를 사용한다.

	현재형	과거형
형용사	うれしい : 기쁘다 たのしい : 즐겁다 かなしい : 슬프다 さびしい : 외롭다	うれしかった : 기뻤다 たのしかった : 즐거웠다 かなしかった : 슬펐다 さびしかった : 외로웠다

① 彼女の表情はいつも明るかった。

(그녀의 표정은 언제나 밝았다.)

② 韓国で食べるキムチはおいしかった。

(한국에서 먹는 김치는 맛있었다.)

③ 山の上の空気はとても冷たかったです。

(산 위의 공기는 매우 차가웠습니다.)

④ 小説の内容がすごく面白かったです。

(소설 내용이 굉장히 재미있었습니다.)

韓国には地震がないと聞いた<u>ん</u>ですが。

それには何か理由でもある<u>ん</u>ですか。

6 ～のです

- 의미: ～것입니다, ～습니다
- 용법:「～のです」는 어떤 상황에 대한 이유나 원인, 또는 설명, 주장, 설 득 등과 같이 문을 강조할 때에 사용하는데, 회화체에서는「～ん です」의 형태로 사용한다.

① 風邪を引いて欠席したのです。
(감기에 걸려 결석한 것입니다.)

② この案は彼女が出したのです。
(이 안은 그녀가 낸 것입니다.)

③ 明日九時に空港で集まるのです。
(내일 9시에 공항에서 모이는 겁니다.)

④ そこまでは電車に乗って行くんです。
(거기까지는 전철을 타고 갑니다.)

地質学の何について勉強したいんですか。
地震について研究したいと思います。

7 ～について

- 의미: ～에 관하여, ～에 대하여
- 용법:「～について」는 무언가를 대상 또는 주제로 하여 그에 대해 기술하는 경우에 사용한다.

① 未来の世界について話しましょう。
(미래 세계에 대해 이야기합시다.)

② 事故の原因について調べています。
(사고 원인에 대해 조사하고 있습니다.)

③ キムチの味について研究したいです。
(김치 맛에 대해 연구하고 싶습니다.)

④ 新しい制度について検討して見ました。
(새로운 제도에 대해 검토해 보았습니다.)

1. ～(하/이)면서(도)　　　　　【～ながら】

❶ 저녁을 먹으면서 중계를 봤습니다.

　夕ご飯を食べながら中継を見ました。

❷ 야채를 섭취하면서 다이어트를 합니다.

　野菜を取りながらダイエットをします。

❸ 그는 가난하면서 기부를 잘 합니다.

　彼は貧乏でありながらよく寄付をします。

❹ 유명한 가수이면서도 노래는 서툽니다.

　有名な歌手でありながら歌は下手です。

2. ～(하/이)면, ～(하)자 (조건 표현) 【～と】

❶ 장마가 시작되면 큰비가 계속됩니다.

　梅雨が始まると大雨が続きます。

❷ 눈이 내리면 운전이 위험해집니다.

　雪が降ると運転が危険になります。

❸ 이 내의를 입으면 몸이 따뜻해집니다.

　この下着を着ると体が暖かくなります。

❹ 해외에 나가면 새로운 세계가 열립니다.

　海外に出ると新しい世界が開きます。

❺ 시장에 가자 많은 사람들로 북적댔다.

　市場に行くと大勢の人々で賑わった。

❻ 텔레비전을 틀자 그 뉴스가 나왔다.

テレビをつけるとあのニュースが出^でてきた。

3. ～(한/인)지 어떤지, ～(할/일)지 어떨지 【～かどうか】

❶ 물건이 잘 팔릴지 어떨지 걱정입니다.

品物_{しなもの}がよく売_うれるかどうか心配_{しんぱい}です。

❷ 병이 나을지 어떨지 아직 모르겠습니다.

病気_{びょうき}が治_{なお}るかどうかまだ分_わかりません。

❸ 집세가 비싼지 어떤지 확인해 봅시다.

家賃_{やちん}が高_{たか}いかどうか確認_{かくにん}してみましょう。

❹ 태도가 성실한지 어떤지가 중요합니다.

態度_{たいど}が真面目_{まじめ}なのかどうかが大事_{だいじ}です。

4. ～았(었)다 (동사 과거형)　　　　　　　　【～た】

〈5단 동사〉

❶ 선거에서 당선자가 정해졌다.

選挙_{せんきょ}で当選者_{とうせんしゃ}が決_きまった。

❷ 들판에 코스모스 꽃이 피었다.

野原_{のはら}にコスモスの花_{はな}が咲_さいた。

❸ 전쟁으로 많은 사람이 죽었다.

戦争_{せんそう}で大勢_{おおぜい}の人_{ひと}が死_しんだ。

❹ 문화센터에서 꽃꽂이를 배웠다.

文化_{ぶんか}センターで生_いけ花_{ばな}を習_{なら}った。

〈1단 동사/변격 동사〉

❶ 오랜만에 쉬면서 드라마를 봤다.
久しぶりに休みながらドラマを見た。

❷ 피곤해서 방에 들어가 바로 잤다.
疲れたので部屋に入ってすぐ寝た。

❸ 여행에서 예상보다 빨리 돌아왔다.
旅行から予想より早く帰ってきた。

❹ 오늘 아침에 일찍 일어나서 조깅을 했다.
今朝早く起きたのでジョギングをした。

5. ～았(었)다(형용사 과거형)　　　【～かった】

❶ 옛날에는 시골에도 인구가 많았다.
昔は田舎にも人口が多かった。

❷ 작년까지는 경기가 굉장히 좋았다.
去年までは景気がすごく良かった。

❸ 독신 생활은 너무나도 쓸쓸했습니다.
独り暮らしはあまりにも寂しかったです。

❹ 그때 선생님의 얼굴은 매우 무서웠습니다.
その時の先生の顔はとても怖かったです。

6. ～것입니다, ～습니다　　　【～のです】

❶ 그녀가 마음에 들어 선택한 것입니다.
彼女が気に入って選んだのです。

❷ 우선 배추를 씻어서 소금을 뿌립니다.
まず白菜を洗って塩を巻くんです。

❸ 최근에는 야근이 많아서 아주 피곤합니다.
最近は残業が多くてとても疲れるんです。

❹ 정의를 지키기 위해 싸우고 있는 것입니다.
正義を守るために戦っているのです。

7. ～에 관하여, ～에 대하여　　　【～について】

❶ 결석한 이유에 대하여 들어 봅시다.
欠席した理由について聞いてみましょう。

❷ 제목은「일본어 구조에 관해서」입니다.
題目は「日本語の構造について」です。

❸ 민주주의에 대하여 자세히 쓴 책입니다.
民主主義について詳しく書いた本です。

❹ 결혼에 대하여 진지하게 생각해 봤습니다.
結婚について真剣に考えてみました。

1 지시어

근칭	중칭	원칭	부정칭
こう 이렇게	そう 그렇게	ああ 저렇게	どう 어떻게
こんなに 이렇게	そんなに 그렇게	あんなに 저렇게	どんなに 아무리
これほど 이렇게/이토록	それほど 그렇게/그토록	あれほど 저렇게/저토록	どれほど 얼마나
こんな このような こういう 이런/이러한	そんな そのような そういう 그런/그러한	あんな あのような ああいう 저런/저러한	どんな どのような どういう 어떤/어떠한

① 学生もみんなそう思っています。

  (학생도 모두 그렇게 생각하고 있습니다.)

② 漢字もそれほど難しくありません。

  (한자도 그렇게 어렵지 않습니다.)

③ こんなに面白い映画は初めてです。

  (이렇게 재미있는 영화는 처음입니다.)

④ どんなに偉い人でも例外はありません。

  (아무리 높은 사람이라도 예외는 없습니다.)

⑤ ああいう態度では実力があっても困ります。

  (저런 태도로는 실력이 있어도 곤란합니다.)

한국어			일본어		
고유어	한자어		고유어	한자어	
	人	名		人	名
한 사람	일인	일(한) 명	ひとり	（いちにん）	いちめい
두 사람	이인	이(두) 명	ふたり	（ににん）	にめい
세 사람	삼인	삼(세) 명		さんにん	さんめい
네 사람	사인	사(네) 명		よにん	よんめい
다섯 사람	오인	오(다섯) 명		ごにん	ごめい
여섯 사람	육인	육(여섯) 명		ろくにん	ろくめい
일곱 사람	칠인	칠(일곱) 명		しち/ななにん	しち/ななめい
여덟 사람	팔인	팔(여덟) 명		はちにん	はちめい
아홉 사람	구인	구(아홉) 명		きゅう/くにん	きゅうめい
열 사람	십인	십(열) 명		じゅうにん	じゅうめい

※ 사람을 셀 때 한 명/두 명까지는 고유어인 「ひとり/ふたり」를 사용하지만, 셋부터는 한자어를 사용한다. 회화체에서 명(名, めい)을 많이 사용하는 한국어와 달리 일본어에서는 인(人, にん)을 주로 사용하고 있어, 명(名, めい)이 인(人, にん)보다 정중한 표현이라고 할 수 있다.

여럿이서 식당이나 레스토랑에 들어가면 점원이 「なんめいさま」라고 묻는 것을 볼 수 있다.

예) いらっしゃいませ。何名様でしょうか。(어서오십시오. 몇 분이십니까?)

※ 사람을 셀 때에는 「いちにん/ににん」을 사용하지 않지만, 단어 속에서는 사용하는 경우가 있다.

◆ いちにんしょう(一人称 : 일인칭)

　いちにんふたやく(一人二役 : 일인이역)

　いちにんまえ(一人前 : 일 인분/어엿한 한 사람)

◆ ににんまえ(二人前 : 이 인분)

　ににんさんきゃく(二人三脚 : 이인삼각)

3　명사의 복수형

〈사람〉

형태	예
～ら	私(わたし)ら　我(われ)ら　僕(ぼく)ら　君(きみ)ら　彼(かれ)ら　彼女(かのじょ)ら
～たち	私(わたし)たち　僕(ぼく)たち　あなたたち　君(きみ)たち　人(ひと)たち
～ども	私(わたし)ども　＊女(おんな)ども(여자 따위)
～がた	あなたがた　先生方(せんせいがた)
～の	先生(せんせい)の方々(かたがた)
～반복	我々(われわれ)　人々(ひとびと)

<동물>

형태	예
～たち	犬_{いぬ}たち　鳥_{とり}たち

<사물>

형태	예
～반복	家々_{いえいえ}　山々_{やまやま} 日々_{ひび}　月々_{つきづき}　年々_{ねんねん}

<지시어>

형태	예
～ら	これら　それら　あれら ここら辺_{へん}　そこら辺_{あた}り

① 家賃は月々五万円程度です。

(집세는 다달이 5만 엥 정도입니다.)

② 我々は彼の無事を祈っています。

(우리는 그의 무사를 빌고 있습니다.)

③ 田舎の人口は年々減っています。

(시골의 인구는 매년 줄고 있습니다.)

④ ここら辺は地価の高いところです。

(이 주변은 지가가 비싼 곳입니다.)

⑤ 三月一日は家々に国旗を掲げます。

(3월 1일은 집집마다 국기를 게양합니다.)

12

まるで海のようですね。

· ～ようだ 　～와 같다 (추량/비유)	海のようだ 바다와 같다
· ～には 　～(하)는 데에는 (목적)	見物するには 구경하는 데에는
· ～(え단)る 　～할 수 있다 　(5단 동사 가능형)	言える 말할 수 있다
· ～ば 　～(하)면 (가정 표현)	行けば 가면
· ～がする 　～하다 　(형식동사/상태)	匂いがする 냄새가 나다
· ～に 　～(하)러 (목적)	遊びに 놀러

★ 일본에서―箱根

ハン： この芦ノ湖はとても広いですね。

　　　水も青くてきれいですし、まるで海のようです。

田中： そうですね。

ハン： 湖 がきれいで遊覧船に乗っている気持も

　　　格別ですね。

田中： 湖 周辺の景色もいいでしょう。

ハン： 最高ですね。

　　　それに船の上は風も吹いていて、そんなに

　　　暑くもないですね。

田中： そうですね。見物するにはちょうどいいですね。

ハン： ここが大涌谷ですか。

田中： そうです。

ハン： 観光に来ている人が多いですね。

田中： ここは日本の代表的な観光地だと言え

　　　ますからね。

ハン： あの煙は何ですか。

火事のようには見えませんが。

田中： 登って行けばわかると思いますが、あれは

湯煙です。

ハン： 何か匂いがしませんか。

田中： 硫黄の匂いです。

この辺は硫黄泉が多いんです。

새 단어

- はこね（箱根）： 하꼬네(지명)
- あしのこ（芦ノ湖）： 아시노호(호수 이름)
- みず（水）： 물
- あおい（青い）： 파랗다
- まるで： 마치
- みずうみ（湖）： 호수
- ゆうらんせん（遊覧船）： 유람선
- かくべつだ（格別だ）： 각별하다
- しゅうへん（周辺）： 주변
- けしき（景色）： 경치
- さいこうだ（最高だ）： 최고이다
- ふね（船）： 배
- かぜ（風）： 바람
- ふく（吹く）： 불다
- けんぶつ（見物）： 구경
- ちょうど： 딱, 정확히
- おおわくだに（大涌谷）： 오오와꾸다니(지명)
- かんこう（観光）： 관광
- だいひょうてきだ（代表的だ）： 대표적이다
- かんこうち（観光地）： 관광지
- いう（言う）： 말하다
- けむり（煙）： 연기
- かじ（火事）： 화재
- のぼる（登る）： 오르다
- ゆけむり（湯煙）： (온천 등의) 김, 수증기
- におい（匂い）： 냄새
- いおう（硫黄）： 유황
- いおうせん（硫黄泉）： 유황천

★ 한국에서—家族

徳川：李さんは何人家族ですか。

李：六人家族です。

徳川：ご兄弟が多いですね。

李：いいえ、兄弟は私と妹 二人だけです。

徳川：それでは。

李：両親に祖父と祖母がいっしょに住んでいるん
です。

徳川：なるほど、そうですか。
でも、ご家族が多くていいですね。

李：徳川さんはどうですか。

徳川：私は四人家族で、両親に兄が一人います。

李：お爺さんとお婆さんは。

徳川：いますが、田舎に住んでいます。

李：それじゃ、たまに田舎へ遊びに行っているん
ですか。

徳川：行きたいんですが、忙しくてめったに行け
ませんね。

李 ： そうですか。
徳川さんのお兄さんは何をしているんですか。

徳川： 兄は会社に勤めています。
李さんの 妹 さんは。

李 ： 妹 はまだ高校生です。

<table>
<tr><td rowspan="9">새
단어</td></tr>
</table>

・きょうだい(兄弟) : 형제, 남매	・なるほど : 과연
・いもうと(妹) : 여동생	・あに(兄) : 형, 오빠(おにいさん)
・ふたり(二人) : 두 사람, 두 명	・いなか(田舎) : 시골
・りょうしん(両親) : 부모님, 양친	・あそぶ(遊ぶ) : 놀다
・そふ(祖父) : 할아버지(おじいさん)	・かいしゃ(会社) : 회사
・そぼ(祖母) : 할머니(おばあさん)	・つとめる(勤める) : 근무하다
・いっしょに(一緒に) : 함께	・こうこうせい(高校生) : 고교생, 고등학생
・すむ(住む) : 살다	

본문 まるで海のようですね。
火事のようには見えませんが。

1 ～ようだ

■ 의미: ~같다
■ 용법:「～ようだ」는 객관적 정보에 입각한 추량의 표현과 어떤 모습이나 상태 등을 무언가에 비유하거나, 구체적으로 예시하여 표현할 때 사용한다.

〈추 량〉

① 夕方から雪が降るようです。
(저녁부터 눈이 온다고 합니다.)

② 最初に知ったのは友達のようです。
(처음에 안 것은 친구인 것 같습니다.)

③ 彼はアルバイトで忙しいようです。
(그는 아르바이트로 바쁜 것 같습니다.)

④ 彼女は風邪を引いて寝ているようです。
(그녀는 감기에 걸려 자고 있는 것 같습니다.)

〈비 유〉

① 毎日のようにお酒を飲んでいます。
(매일같이 술을 마시고 있습니다.)

② 彼女は氷のように冷たい人間です。
(그녀는 얼음처럼 차가운 인간입니다.)

③ 先生の 心 は綿のように柔らかいです。

(선생님의 마음은 솜처럼 부드럽습니다.)

④ ここは夜も昼のように明るいところです。

(이곳은 밤도 낮처럼 밝은 곳입니다.)

〈예시〉

① 私 も 将 軍のようになりたいです。

(나도 장군처럼 되고 싶습니다.)

② 私 もここのように田舎がいいです。

(나도 여기처럼 시골이 좋습니다.)

③ 韓国のような豊かな国も少ないです。

(한국 같은 풍요로운 나라도 적습니다.)

④ キムチのような健 康 食 品はありません。

(김치 같은 건강 식품은 없습니다.)

見物するにはちょうどいいですね。

2 ～には

■ 의미: ～(하)는 데에는

■ 용법: 「～には」는 동사 연체형에 접속하여 목적을 나타낸다.

① 講堂を使うには許可が要ります。

(강당을 사용하는 데에는 허가가 필요합니다.)

② ストレスを解 消 するには歌もいいです。

(스트레스를 해소하는 데에는 노래도 좋습니다.)

③ 成績を上げるには努力しかありません。

(성적을 올리는 데에는 노력밖에 없습니다.)

④ キムチを食べるには一般家庭がいいです。

(김치를 먹는 데에는 일반 가정이 좋습니다.)

ここは日本の代表的な観光地だと言えますからね。

忙しくてめったに行けませんね。

③ 5단 동사의 가능 표현

■ 의미: ～(할) 수 있다

■ 용법: 5단 동사의 어미 ウ단을 エ단＋る로 바꾸면 가능형이 된다.

	원형		가능형	
5단 동사	ならう	(배우다)	ならえる	(배울 수 있다)
	あるく	(걷다)	あるける	(걸을 수 있다)
	およぐ	(헤엄치다)	およげる	(헤엄칠 수 있다)
	はなす	(이야기하다)	はなせる	(이야기할 수 있다)
	まつ	(기다리다)	まてる	(기다릴 수 있다)
	しぬ	(죽다)	しねる	(죽을 수 있다)
	よぶ	(부르다)	よべる	(부를 수 있다)
	すむ	(살다)	すめる	(살 수 있다)
	さわる	(만지다)	さわれる	(만질 수 있다)

학습 내용

본문 대화

본문 해설

표현 연습

보충 학습

① ビールぐらいは少し飲めます。
(맥주 정도는 조금 마실 수 있습니다.)

② いつでも会える人がいいです。
(언제라도 만날 수 있는 사람이 좋습니다.)

③ 英語と日本語は少し話せます。
(영어와 일본어는 조금 말할 수 있습니다.)

④ 住所までは漢字で書けません。
(주소까지는 한자로 쓸 줄 모릅니다.)

登って行けばわかると思いますが、

4 ～ば

- 의미: ～하면
- 용법:「ば」는 어떤 조건하에서 반드시 그렇게 됨을 나타내는 일반 조건
  이나 가정 조건을 나타낸다.

＜일반 조건(진리/습관/속담)＞

① 二に二を足せば四になります。
(2에 2를 더하면 4가 됩니다.)

② 水は百度になれば沸騰します。
(물은 백 도가 되면 끓습니다.)

③ 年をとればだれでも体が弱くなります。
(나이를 먹으면 누구라도 몸이 약해집니다.)

④ 酸素と水素が結合すれば水になります。
(산소와 수소가 결합하면 물이 됩니다.)

<가정 조건(특정의 개별적 사항)>

① この薬を飲めば治ります。

(이 약을 먹으면 낫습니다.)

② 運動すれば体重は減ります。

(운동하면 체중은 줄어듭니다.)

③ 努力すれば成績は上がります。

(노력하면 성적은 오릅니다.)

④ 名前を聞けばすぐ分かる人です。

(이름을 들으면 금방 아는 사람입니다.)

※「~ば」는「Aも~ば、Bも」의 형태로 같은 내용의 사항들을 열거하는
경우에도 사용된다.

① 教室には先生もいなければ、学生もいない。

(교실에는 선생님도 없고 학생도 없다.)

② 海が好きな人もいれば、山が好きな人もいます。

(바다를 좋아하는 사람도 있고, 산을 좋아하는 사람도 있습니다.)

何か匂いがしませんか。

5 ~がする

- 의미: ~가 …하다
- 용법:「~がする」는 일부 명사의 상태 표현에 사용되어 '~이 …하다'
  의 의미를 나타낸다. 명사에 따라「~がする(している)」를 사용하
  는 경우와「~をしている」를 사용하는 경우가 있다.

학습 내용

본문 대화

본문 해설

표현 연습

보충 학습

※ ～がする ： ～がしている(○)
・味がする ： 맛이 나다
・匂い(香り)がする ： 냄새(향기)가 나다
・音(声)がする ： 소리(사람 소리)가 나다
・気(感じ / 予感)がする ： 생각(느낌/예감)이 든다

※ ～をしている ： ～をする(×)
・色をしている ： 색을 띠고 있다
・形(格好 / 顔)をしている ： 형태(모습/얼굴)를 하고 있다

◎ ～がする (＝～がしている)
① 青年はとてもいい感じがしました。
   (청년은 매우 좋은 느낌이 들었습니다.)

② 事務室にコーヒーの匂いがしますね。
   (사무실에 커피 냄새가 나는군요.)

③ 突然外から人の声がしました。
   (갑자기 밖에서 사람 소리가 났습니다.)

◎ ～をしている (≠～をする)
① 彼はいつも変な格好をしています。
   (그는 늘 이상한 복장을 하고 있습니다.)

② その花はどんな色をしていますか。
   (그 꽃은 어떤 색을 띠고 있습니까?)

③ 社長はあの細い体をしている人です。
   (사장은 저 가는 몸을 하고 있는 사람입니다.)

6 ～に

- 의미: ～(하)러
- 용법:「に」는 동사의 연용형이나 동작성 명사에 붙어 목적을 나타낸다.

＜동사 연용형＋に＞

① お客さんを迎えに駅に行きました。
(손님을 맞으러 역에 갔습니다.)

② 友だちを探しに図書館に来ました。
(친구를 찾으러 도서관에 왔습니다.)

③ 書類をもらいに事務室へ訪ねました。
(서류를 받으러 사무실로 찾아갔습니다.)

④ 資料を調べに国会図書館に寄りました。
(자료를 조사하러 국회도서관에 들렀습니다.)

＜명사＋に＞

① 見物に多くの人が来ていました。
(구경하러 많은 사람들이 와 있었습니다.)

② 家内はいま買い物に出掛けています。
(아내는 지금 쇼핑하러 외출했습니다.)

표현 연습

1. ～것 같다　　　　　　　　【～ようだ】

〈추량〉

❶ 그는 유명한 물리학자인 것 같습니다.
かれ ゆうめい ぶつり がくしゃ
彼は有名な物理学者のようです。

❷ 송년회에서 술을 꽤 마신 것 같습니다.
ぼうねんかい さけ の
忘年会で酒をかなり飲んだようです。

❸ 그는 오늘 회의에 안 오는 것 같습니다.
かれ きょう かいぎ こ
彼は今日の会議に来ないようです。

❹ 지진으로 커다란 피해가 난 것 같습니다.
じ しん おお ひ がい で
地震で大きな被害が出たようです。

〈비유/예시〉

❶ 그녀는 배우처럼 예쁜 얼굴을 하고 있습니다.
かのじょ はいゆう かお
彼女は俳優のようにきれいな顔をしています。

❷ 마치 정치가가 된 것과 같은 행동입니다.
せいじ か ふ ま
まるで政治家になったかのような振る舞いです。

❸ 한자와 같은 문자는 외우는 것이 힘듭니다.
かん じ も じ おぼ たいへん
漢字のような文字は覚えるのが大変です。

❹ 선생님처럼 일본어 전문가가 되고 싶습니다.
せんせい に ほん ご せんもん か
先生のように日本語の専門家になりたいです。

2. ～(하)는 데에는　　　　　　　　　【～には】

❶ 건강을 지키는 데에는 운동이 최고입니다.
けんこう まも うんどう さいこう
健康を守るには運動が最高です。

❷ 외국어를 배우는 데에는 노래도 좋습니다.
がいこくご なら うた
外国語を習うには歌もいいです。

❸ 친구를 만드는 데에는 시간이 필요합니다.
ともだち じ かん ひつよう
友達をつくるには時間が必要です。

❹ 취직을 하는 데에는 영어 능력이 중요합니다.
しゅうしょく えい ご のうりょく だい じ
就 職 をするには英語能 力 が大事です。

3. ～(할) 수 있다(5단 동사의 가능 표현)　【～(え단) る】

❶ 그것은 언제라도 살 수 있는 물건입니다.
か
それはいつでも買えるものです。

❷ 제품은 무엇이든지 직접 만질 수 있습니다.
せいひん ちょくせつさわ
製品はなんでも 直 接触れます。

❸ 역까지는 걸을 수 있는 거리가 아닙니다.
えき ある きょ り
駅までは歩ける距離ではありません。

❹ 그는 일본어를 쓸 수 있고 말할 수 있습니다.
かれ に ほん ご か はな
彼は日本語が書けるし、話せます。

4. ~(하)면　　　　　　　　　　　【~ば】

❶ 장이 되면 책임도 무거워집니다.
　長になれば責任も重くなります。

❷ 결혼하면 부모의 마음을 알 수 있습니다.
　結婚すれば親の心が分かります。

❸ 야채를 먹으면 건강도 좋아집니다.
　野菜を食べれば健康も良くなります。

❹ 월급이 오르면 저금을 할 예정입니다.
　給料が上がれば貯金をするつもりです。

5. ~가 …하다　　　　　　　　　　【~がする】

❶ 방 안에는 꽃향기가 났습니다.
　部屋の中には花の香りがしました。

❷ 오늘 시합은 좋은 예감이 듭니다.
　今日の試合はいい予感がします。

❸ 하늘이 언제나 파란색을 띠고 있습니다.
　空がいつも青い色をしています。

❹ 이 시계는 재미있는 형태를 하고 있습니다.
　この時計は面白い形をしています。

6. ～(하)러 　　　　　　　　　　　　　【～に】

❶ 백화점에 옷을 사러 나갔습니다.

　デパートに服を買いに出かけました。

❷ 친척을 만나러 미국에 다녀왔습니다.

　親戚を会いにアメリカに行ってきました。

❸ 친구와 영화를 보러 극장에 갔습니다.

　友だちと映画をみに映画館に行きました。

❹ 돈 벌러 해외로 가는 사람이 많습니다.

　出稼ぎに海外に出る人が多いです。

1 일본인의 호칭

■ ～さん

일본인들은 나이에 상관없이 일반적으로 이름(주로 性)에 「さん」을 붙여 부른다. 사장, 회장 또는 장관 등과 같이 관직이나 직책을 알고 있는 경우에는 그냥 관직이나 직책명으로만 부르며, 다른 존칭어는 붙이지 않는다.

※「～さん」보다 정중한 호칭으로 「～さま(様)」, 「～どの(殿)」가 있지만, 일상 대화에서는 「～さん」으로 충분하다.

예) お客さん ⇨ お客様(손님)

선생님이 학생을 부를 때처럼 아랫사람을 부를 때는 「～くん」을 사용하기도 한다.

稲葉さん(いなば 씨)	大花さん(おおはな 씨)	
先生(선생님)	博士(박사님)	学長(학장님)
会長(회장님)	社長(사장님)	専務(전무님)
部長(부장님)	課長(과장님)	係長(계장님)
首相(수상님)	大臣(장관님)	長官(장관님)
局長(국장님)	裁判官(판사님)	弁護士(변호사님)

가족관계	자신의 가족끼리	남의 가족을 칭할때	자신의 가족을 남에게
할아버지	おじいさん	おじいさん	そふ（祖父）
할머니	おばあさん	おばあさん	そぼ（祖母）
아버지	おとうさん	おとうさん	ちち（父）
어머니	おかあさん	おかあさん	はは（母）
형/누나	おにいさん	おにいさん	あに（兄）
누나/언니	おねえさん	おねえさん	あね（姉）
남동생	이름	おとうとさん	おとうと（弟）
여동생	이름	いもうとさん	いもうと（妹）
남편（夫）	이름・あなた	ご主人・旦那さん	主人
아내（妻）	이름	奥さん	家内・女房
아들	이름	むすこさん	むすこ（息子）
딸	이름	むすめさん	むすめ（娘）
손자	이름	おまごさん	まご（孫）
부모의 남자 형제	おじさん	おじさん	おじ（叔父・伯父）
부모의 여자 형제	おばさん	おばさん	おば（叔母・伯母）

※ 가족끼리는 「お」를 생략하거나, 「さん」 대신 「ちゃん」을 사용하여 친근감 있게 부르기도 한다. 「さん」의 정중한 형태인 「さま」와 「ちゃん」의 정중한 형태인 「ちゃま」가 있다. 형을 높여서 「兄貴」라고 칭하는 경우도 있다.

- 아버지 : お父さん＞父さん＞お父ちゃん＞父ちゃん
- 어머니 : お母さん＞母さん＞お母ちゃん＞母ちゃん
- 아버님 : お父さん→お父さま
- 도련님 : お坊ちゃん→お坊ちゃま

※ 처를 남에게 말할 때에는「家內」또는「女房」라고 칭하는데,「家內」가「女房」보다 정중하다고 할 수 있으며, 남편을 남에게 말할 때에도「主人」이라고 칭하면 된다.「妻」나「夫」는 법적 관계나 일반적 지칭으로 많이 사용한다. 남의 부인이나 남편을 말할 때에는「奧さん」또는「ご主人/旦那さん」이라고 칭하면 된다.

※ 아버지의 형제이든 어머니의 형제이든「おじさん/おばさん」으로 부르며, 결혼해서 맺어진 관계도 기존 가족 호칭에 따른다. 즉 장인/장모도「お父さん/お母さん」이라고 부르며, 매형/자부/형부 등은「お兄さん」으로, 형수/시누이 등은「お姉さん」으로 부른다.

- おじさん : 큰(작은)아버지/외삼촌/고모부/이모부(아저씨)
- おばさん : 큰(작은)어머니/외숙모/고모/이모(아주머니)

※ 부부간에는 자식이 있는 경우「お父さん/お母さん」으로 부르기도 하여, 그 호칭법이 한국어와 비슷한 점이 많다. 어릴 때는 아빠/엄마를「パパ/ママ」라고 부르는 경우도 많다.

가족(家族 : かぞく)　　　　친척(親戚 : しんせき, 親類 : しんるい)

부모(両親 : りょうしん)　　부모(父母 : ふぼ)

형제(兄弟 : きょうだい)　　자매(姉妹 : しまい)　　　부형(父兄 : ふけい)

부부(夫婦 : ふうふ)　　　　부처(夫妻 : ふさい)　　　부인(夫人 : ふじん)

부모(親 : おや)　　　　　　자식(子 : こ)　　　　　　부모 자식(親子 : おやこ)

장남(長男 : ちょうなん)　　차남(次男 : じなん)　　　막내(末っ子 : すえっこ)

장녀(長女 : ちょうじょ)　　차녀(次女 : じじょ)

외아들/외동딸(一人っ子 : ひとりっこ)　　　→외아들(一人息子 : ひとりむすこ)

　　　　　　　　　　　　　　　　　　　　　→외동딸(一人娘 : ひとりむすめ)

젖먹이(乳飲み子 : ちのみご)　　유아(乳児 : にゅうじ)

갓난아이(赤ん坊 : あかんぼう, 赤ちゃん : あかちゃん)　　　유모(乳母 : うば)

사촌(いとこ)　　　　　　　조카('甥 : おい–남자 조카' '姪 : めい–여자 조카')

※ 부모를 나타내는 말에는 일반적으로「両親」을 사용한다.「父母」는 학부모와 같은 의미로 사용하는 경우가 많고, 부모와 자식을 가리키는「親」와「子」도 일반적인 지칭어로 많이 사용한다. 따라서 남에게 자기나 상대방의 부모 등을 이야기할 때에는 주로「両親」을 사용하고, 일반적 개념으로서 '부모', '자식', '부자간' 등을 이야기할 때에는「親」를 사용한다.

※ 남의 가족이나 부모 등을 말할 때에는「ご家族/ご両親」처럼 존경을 나타내는 접두어「ご」를 붙여 사용하지만, 남에게 자기 가족이나 부모를 말할 때에는「家族/両親」처럼「ご」는 붙이지 않는다.

1과

★ 일본에서–나리따

田中^{たなか} : 지금 일본은 비입니다(비가 옵니다).

한국도 비입니까(비가 옵니까)?

ハン : 네. 그렇습니다.

한국도 지금 비입니다(비가 옵니다).

★ 한국에서–학교

德川^{とくがわ} : 내일은 휴일입니까?

李 : 아니요, 내일도 학교입니다(학교에 갑니다).

德川 : 내일도 공부입니까(공부합니까)?

李 : 실은 다음 주가 시험입니다.

德川 : 무슨 시험입니까?

李 : 영어 시험입니다.

2과

★ 일본에서–기후

ハン : 여름은 일본도 한국도 덥군요.

田中^{たなか} : 한국의 여름도 덥습니까?

ハン : 네. 한국의 여름도 덥습니다.

田中 : 겨울은 어떻습니까?

ハン : 한국의 겨울은 추운 편입니다.
　　　　겨울은 일본 쪽이 따뜻하지요.

★ 한국에서-일본어

德川 : 일본어는 어렵습니까?

李 　 : 조금 어렵습니다.

德川 : 무엇이 어렵습니까?

李 　 : 한자가 조금 어렵습니다만,
　　　　그래도 영어보다는 쉽습니다.

3과

★ 일본에서-긴자

田中 : 여기가 긴자입니다.

ハン : 훌륭하군요.

田中 : 긴자는 동경의 중심지이기 때문에 매우 번화하고 사람들도 많습니다.

ハン : 매우 아름다운 거리로군요.

田中 : 외국인도 많습니다.

ハン : 정말이군요.

★ 한국에서-스포츠

李 　 : 스포츠는 좋아합니까?

德川 : 아주 좋아합니다.

李　　：특별히 좋아하는 스포츠는 무엇입니까?

德川：좋아하는 스포츠는 야구로, 한국의 프로야구도 아주 좋아합니다.

李　　：그렇습니까?

德川：축구와 농구도 좋아합니다.

4과

★ 일본에서–동경역

ハン：호텔에서 역까지는 멉니까?

田中（たなか）：아니오. 그다지 멀지 않습니다.

　　　　바로 근처입니다.

ハン：저것이 역입니까?

田中：그렇습니다. 저것이 동경역입니다.

ハン：동경역은 매우 넓군요.

★ 한국에서–수업

德川（とくがわ）：영어는 어렵지요?

　　　　특히 회화 등은.

李　　：그렇습니다. 영어 회화는 어렵습니다.

德川：일본어 회화는 어떻습니까? 문법 등은 어렵지 않습니까?

李　　：문법이랑 회화 등도 영어처럼 어렵지는 않습니다.

5과

★ 일본에서–우에노

田中 : 오늘은 우에노로군요.

ハン : 우에노까지는 전철입니까(전철로 갑니까)?

田中 : 네. 전철로 갑니다.

ハン : 무슨 선으로 갑니까?

田中 : 야마노테선으로 갑니다.

ハン : 우에노까지는 멉니까?

田中 : 여기에서 네 번째 역이니까, 멀지 않습니다.
　　　십 분 정도 걸릴 것이라고 생각합니다.

★ 한국에서–선생님

德川 : 수업에 일본어도 있습니까?

李　 : 네. 일본어 수업도 있습니다.

德川 : 일본어 선생님은 몇 명 있습니까?

李　 : 세 명 있습니다.

德川 : 일본인 선생님도 있습니까?

李　 : 네. 한 명 있습니다.
　　　일본인 선생님은 주로 회화를 가르칩니다.

6과

★ 일본에서–신쥬꾸

ハン : 지금부터 가는 곳은 어디입니까?
田中 : 먼저 도청 쪽에 갑시다.
ハン : 도청은 신쥬꾸에 있습니까?
田中 : 예. 옛날에는 동경역 근처에 있었습니다만.
ハン : 저 높이 보이는 건물은 무엇입니까?
田中 : 저것이 도청입니다.
ハン : 훌륭한 건물이군요.
田中 : 이 주변에서 가장 멋진 건물이라고 생각합니다.

★ 한국에서–생일

李 : 토꾸가와 씨의 생일은 언제입니까?
德川 : 저의 생일은 지난주였습니다.
李 : 그랬습니까?
德川 : 네. 9월 3일이 저의 생일이었습니다.
　　　 이 씨의 생일은 언제입니까?
李 : 저는 3월 25일입니다.
德川 : 그러면 이 씨는 지금 몇 살입니까?
李 : 올해로 스물한 살이 되었습니다.

★ 일본에서-교통수단

ハン : 동경에서는 거의 전철밖에 타지 않는군요.

田中 : 동경에서는 전철이 가장 편리하기 때문이라 생각합니다.

ハン : 버스는 타지 않습니까?

田中 : 전철이 없는 곳은 버스를 이용합니다만,

　　　시내에 그런 곳은 그다지 없습니다.

ハン : 택시는 어떻습니까?

田中 : 택시는 비싸기 때문에 거의 타지 않습니다.

　　　동경은 교통 체증도 심하고요.

ハン : 역시 전철이 가장 안전하고 빠르지요.

★ 한국에서-전통의상

德川 : 한국의 치마 저고리는 예쁘군요.

李 : 그렇습니까? 잘 모르겠습니다만.

德川 : 아니요. 그렇지 않습니다.

　　　한국의 치마 저고리는 아주 예쁩니다.

李 : 나에게는 일본의 기모노 쪽이 예쁘게 보입니다만.

德川 : 기모노도 싫지 않지만, 저는 치마 저고리 쪽이 좋습니다.

　　　하지만, 치마 저고리를 입는 사람이 적네요.

李 : 평소에는 그다지 입지 않습니다.

　　　기모노 쪽은 어떻습니까?

德川 : 역시 기모노도 마찬가지로, 평소에는 그다지 입지 않습니다.

★ 일본에서–신쥬꾸역

ハン : 신쥬꾸역은 넓고 복잡하군요.

田中 : 그렇습니다.

　　　역의 지하 상가도 복잡합니다.

ハン : 넓어서 방향을 찾는 것이 어렵군요.

田中 : 나도 방향을 틀려서 가끔 고생합니다.

ハン : 안내도는 잘 되어 있군요.

田中 : 그렇습니다.

　　　하지만 그다지 보는 일은 없지요.

★ 한국에서–시각

德川 : 이 씨는 몇 시에 일어납니까?

李 : 대개 7시경에 일어납니다.

　　　일어나서 학교에 갈 준비를 합니다.

德川 : 학교에는 몇 시에 갑니까?

李 : 8시경에 갑니다.

德川 : 8시라도 늦지 않습니까?

李 : 학교는 20분 정도의 거리에 있습니다.

　　　그래서 괜찮습니다.

德川 : 가까워서 좋군요.

★ 일본에서-쇼핑

田中 : 오늘의 예정은?

ハン : 오늘은 쇼핑을 하고 싶습니다.

田中 : 무언가 필요한 것이라도 있습니까?

ハン : 가족과 친구들에게 줄 선물을 사고 싶습니다.

田中 : 그렇습니까.

　　　그러면, 오늘은 백화점에 갈까요?

ハン : 컴퓨터 등을 팔고 있는 곳도 가 보고 싶습니다만.

田中 : 그건 아끼하바라네요.

ハン : 백화점은 어느 근방에 많습니까?

田中 : 긴자나 신쥬꾸 등에 많습니다만, 긴자가 아끼하바라에 가까우니 긴자
　　　로 합시다.

★ 한국에서-대학생

德川 : 이 씨는 일본의 무엇에 흥미를 갖고 있습니까.

　李　: 나와 같은 일본 대학생의 생활에 흥미를 갖고 있습니다.

德川 : 대학생의 무엇이 알고 싶습니까?

　李　: 우선은 대학 생활이 알고 싶습니다.

　　　일본 대학생도 취직으로 고생하고 있습니까?

德川 : 그것은 한국 대학생과 같다고 생각합니다.

　李　: 역시 똑같습니까?

　　　어느 나라나 취직은 힘든 것이군요.

10과

★ 일본에서–싱깐셍

ハン : 싱깐셍은 비쌉니까?

田中 : 꽤 비쌉니다.

ハン : 모처럼이니, 비싸더라도 한번 타보고 싶군요.

田中 : 그렇다면, 내일 아따미는 싱깐셍을 타고 갑시다.

ハン : 싱깐셍은 빠르겠지요?

田中 : 시속 300킬로 전후로 달리니까 빠르지요.

　　　한국의 철도는 어떻습니까?

ハン : 한국도 고속철도가 급속히 발전하고 있는 중입니다만,

　　　KTX라고 하는 고속철도는 상당히 빠릅니다.

田中 : 그렇습니까.

★ 한국에서–요리

李 　: 토꾸가와 씨, 한국 요리는 어떻습니까?

　　　입에 맞습니까?

德川 : 한국 요리는 굉장히 좋아합니다.

李 　: 특히 무엇을 좋아합니까?

德川 : 고기 요리를 좋아합니다만, 특별히 싫어하는 것은 없습니다.

　　　갈비나 불고기 등은 최고입니다.

李 　: 김치는 어떻습니까?

德川 : 김치는 조금 맵습니다만, 그 매운 맛이 좋습니다.

李 　: 일본의 쌀은 맛있다고 들었습니다만, 한국과 비교해서 어떻습니까?

德川 : 한국과 그다지 다르지 않다고 생각합니다.

　　　또, 한국의 맛김은 아주 맛있습니다.

★ 일본에서–아따미

田中 : 바다를 보면서 달리는 기분은 어떻습니까?

ハン : 아주 좋군요.

그런데 타고 있으면 빠른지 어떤지 잘 모르겠네요.

田中 : 이제 곧 아따미입니다.

ハン : 그렇습니까. 과연 싱깐셍은 빠르군요.

ハン : 아따미는 무엇이 유명합니까?

田中 : 여러 가지 있습니다만, 역시 아따미는 온천이지요.

ハン : 벚꽃도 예쁘게 피어 있군요.

田中 : 이 주변은 지진도 많은 곳입니다.

한국에는 지진이 없다고 들었습니다만.

ハン : 다행히 지금까지는 거의 없었습니다.

하지만 앞으로 어떻게 될지 모르지요.

田中 : 좋군요.

★ 한국에서–연구

德川 : 이 씨는 대학에 들어가서 무엇을 공부하고 싶습니까?

李 : 나는 천문학을 공부하고 싶습니다.

德川 : 그것에는 무언가 이유라도 있는 것입니까?

李 : 최근에 기상이변에 의한 자연재해가 많기 때문에, 필요하다고 생각했습니다.

德川 : 올해도 많은 비로 큰 피해가 났지요.

李 : 자연현상을 연구하는 것은 무엇보다도 중요하지요.

　토꾸가와 씨는 무엇을 공부하고 싶습니까?

德川 : 저는 지질학을 공부하고 싶습니다.

李 : 지질학의 무엇에 관해 공부하고 싶습니까?

德川 : 일본은 지진이 많기 때문에, 지진에 관해 연구하고 싶다고 생각합니다.

12과

★ 일본에서-하꼬네

ハン : 이 아시노호는 매우 넓군요.

　물도 파랗고 깨끗한 데다가, 마치 바다 같군요.

田中 : 그렇죠.

ハン : 호수가 아름다워서 유람선에 타고 있는 기분도 각별하네요.

田中 : 호수 주변의 경치도 좋지요?

ハン : 최고네요.

　게다가 배 위는 바람도 불고 있어서, 그렇게 덥지도 않군요.

田中 : 맞습니다. 구경하기에는 딱 좋지요.

ハン : 여기가 오오와꾸다니입니까?

田中 : 그렇습니다.

ハン : 관광하러 온 사람이 많군요.

田中 : 여기는 일본의 대표적인 관광지라고 할 수 있으니까요.

ハン : 저 연기는 무엇입니까?

　불이 난 것처럼은 보이지 않습니다만.

田中 : 올라가 보면 알 거라고 생각합니다만, 저건 수증기입니다.

ハン : 무언가 냄새가 나지 않습니까?

田中 : 유황 냄새입니다.

　　　이 주변은 유황천이 많습니다.

★ 한국에서-가족

德川 : 이 씨는 가족이 몇 명입니까?

　李　 : 6인 가족입니다.

德川 : 형제가 많군요.

　李　 : 아니요, 형제는 저와 여동생 둘뿐입니다.

德川 : 그렇다면?

　李　 : 부모님에 할아버지와 할머니가 함께 살고 있습니다.

德川 : 과연, 그렇습니까?

　　　하지만, 가족이 많아서 좋군요.

　李　 : 토꾸가와 씨는 어떻습니까?

德川 : 저는 4인 가족으로, 부모님에 형이 한 명 있습니다.

　李　 : 할아버지와 할머니는?

德川 : 계시는데, 시골에 살고 있습니다.

　李　 : 그러면 가끔 시골에 놀러 가고 있습니까?

德川 : 가고 싶은데, 바빠서 좀처럼 못 갑니다.

　李　 : 그렇습니까. 토꾸가와 씨의 형은 무엇을 하고 있습니까?

德川 : 형은 회사에 근무하고 있습니다.

　　　이 씨의 여동생은?

　李　 : 여동생은 아직 고등학생입니다.

초판 1쇄 발행일 2014년 7월 15일

지은이 모세종
펴낸이 박영희
편집 배정옥·유태선
디자인 김미령·박희경
인쇄·제본 AP프린팅
펴낸곳 도서출판 어문학사
　　　 서울특별시 도봉구 쌍문동 523-21 나너울 카운티 1층
　　　 대표전화: 02-998-0094/편집부1: 02-998-2267, 편집부2: 02-998-2269
　　　 홈페이지: www.amhbook.com
　　　 트위터: @with_amhbook
　　　 블로그: 네이버 http://blog.naver.com/amhbook
　　　　　　　 다음 http://blog.daum.net/amhbook
　　　 e-mail: am@amhbook.com
　　　 등록: 2004년 4월 6일 제7-276호

ISBN 978-89-6184-340-9 13730
정가 13,000원

이 도서의 국립중앙도서관 출판시도서목록(CIP)은 e-CIP홈페이지(http://www.nl.go.kr/ecip)와
국가자료공동목록시스템(http://www.nl.go.kr/kolisnet)에서 이용하실 수 있습니다.
(CIP제어번호: CIP2014018586)

※잘못 만들어진 책은 교환해 드립니다.

This book was supported by INHA UNIVERSITY Research Grant.